U1003332

阅美 文化

"幸福女人关键词"

□宁静 □丰富 □独立 **□光彩照人**

阅美文化 光彩照人 图书推介

精油全书
第2版

金韵蓉／著
2011年1月出版
定价：40.00元

美丽笔记
第2版

金韵蓉／著
2011年1月出版
定价：35.00元

衣服会说话

梁　艳／著
2011年1月出版
定价：35.00元

选对色彩穿对衣
白金版

王　静／著
2011年1月出版
定价：30.00元

围所欲围

李　昀／著
2011年1月出版
定价：30.00元

阅读让生活更美好

i LOVE STYLE

我爱时尚

[韩] 金性逸　朴太轮／著　千太阳／译

漓江出版社

Prologue 序

送给渴望时尚的你

“时尚”是什么？说到时尚，大多数人首先想到的就是衣服。也就是说，在很多人的思维中，服装就是时尚，时尚就是服装。其实，时尚并不仅仅局限于穿着打扮上，我们兜里装的手机，吃饭用的餐桌，办公坐的椅子，休息时喝的咖啡，甚至是消遣时看的杂志等等，到处都充满了时尚的气息。时尚包含了我们生活中万物的形态。

这本书就是从“时尚是否局限于服装”这个疑问开始策划的。《我爱时尚》中除了涉及服装之外，还有使时尚趋于完美的化妆，以及生活中的所有时尚哲学。如果你既希望学会如何穿衣搭配，又梦想着享受时尚生活，那就一定要好好读一读这本书哦！

天地形成的伊始，上帝赋予亚当和夏娃生命的时候，并没有给予他们任何修饰，更没有华丽的衣服。

他们和所有动物一样，不需要掩盖自己的羞处，就那样自然地生活着。但是，自从夏娃被蛇诱惑吃了善恶果后，他们就懂得了羞耻，学会了用树叶挡住自己的身体。这就是《圣经》中讲述的人类衣服的历史。

如果当时夏娃没有吃善恶果会怎么样呢？人类会不会现在也不穿衣服？要真是那样的话，我们可能就看不到迪奥的华丽晚装，香奈儿的花呢夹克，莫罗·伯拉尼克的尖头细跟高跟鞋，路易·威登的字母图案包，以及维多利亚神秘的性感内衣了。

所以，我们应该原谅夏娃一时之间犯下的错误，因为她为了所有女性，不惜牺牲了自己，给后人留下一席华丽尊贵的羽毛。

虽然微不足道，但希望这本书能成为你掌握时尚精髓的必备读物。

金性逸

Contents 目录

Part Two for Beauty

第二部分 靓妆

Part One for Fashion

第一部分 美 装

时尚是一种挑战，也是自信的表现。

——金胜逸

变换多端的白衬衫

不算小时候，单是中学、大学时代，以及毕业后工作的公司里，白衬衫到哪里似乎都是最贴切的服饰。有人说应该是牛仔裤才对，但是仔细一想，上学时要求必须穿校服，而校服就是白衬衫。所以说，是白衬衫陪伴我们走过了十几个春秋。

在这里告诉你一个秘密，你可要做好心理准备，不要被吓到哦。打开我的衣柜，映入眼帘的是依次挂着的五十余件白衬衫。有人会产生疑问了，白衬衫不都是一样的吗，有什么不同吗？要是真的都一样，那我干吗还摆这么多白衬衫啊，有一两件穿着不就行了吗？其实，别看白衬衫颜色都一样，但其气氛和材料，甚至是设计上都存在着微妙的差异，这就是白衬衫的变换多端之处了。可以说，没有一件衣服要像白衬衫那样精心挑选。

电影明星郑宇成就是一位对白衬衫要求极高的时尚明星之一。无论是整体的轮廓、材质，还是颜色和袖长的细节部分，他都会考虑再三。因为男性脖子的尺寸不同于女性，所以男性在挑选时应该比女性更加慎重。当然女性挑选衬衫时也要像男性一样多加学习和研究。要想成为时尚明星，就应该多付出点心血才行。

女款白衬衫有多种多样的轮廓和细节。按轮廓可以分成两大类：

第一类在腰线处利用显腰身的褶皱达到修身效果。这样的款式最重要的是肩宽合身。从肩膀开始的袖子线条和从袖管下开始的腰线，是选择理想衬衫的基本条件。

第二类背后切口部位有褶皱处理。拥有这样轮廓的衬衫，穿出宽松的感觉会很简练，选尺码时要选

BAXTER

择正好或者大一两码的。通常情况下，很有可能导致袖子过长，所以也需要把袖子卷起来，显得更加干练。

一般我们把所有的衬衫统称为衬衫，也把女人的衬衫称为罩衫。但是这里说的白衬衫，是把高雅而又中性的男士衬衫缩小尺寸后做成的衬衫，能够突出彰显男性化的时尚。不过，并不是只要穿了白衬衫看起来就像男性，各位也不要过于担心。一般情况下，相比男性穿女性服装，女性穿上男性服装更能显现出妙不可言的性感。

那个穿着爱人的白衬衫腼腆微笑的女人真是性感无比，能简洁搭配服装的卓越感才是真正的时尚。我很喜欢拍摄自然气氛的海报时，给女模特穿上男式白衬衫当连衣裙。小心翼翼地越过底裤的大码白衬衫，秀出优美的长腿线条，这应该才是最能自然表现女性性感的时候。

白衬衫虽然是最基本的搭配服装，但也不会因其素素的模样而变得乏味。现代的女性既会把白衬衫穿成性感的睡衣，也可以把大码的白衬衫与高雅的羊毛短裤搭配出男性化的时尚，还能穿出女性性感的一面。女性朋友们请留意一下男朋友的衣柜吧，比你的尺寸大一二码的男式白衬衫，会让你变得性感无比。

如果你的衣柜里还没有白衬衫，现在就起身去寻找一件属于自己的白衬衫吧。白衬衫能让喜欢浪漫的你变成奥黛丽·赫本，让崇尚性感的你变成玛丽莲·梦露。但是，如果你想优雅，不妨考虑一下格蕾丝·凯莉穿过的那一款。

找到永远的畅销商品或者常销商品，发掘白衬衫的魅力所在，你就已经成为半个时尚达人了。

保罗·史密斯的白衬衫

优良的白衬衫品牌

Dolce & Gabbana

D&G的白衬衫以强调腰线和领子大为特点，加上衬衫流畅的线条，给人带来性感和高雅的感觉。不得不说这是最高端的衬衫品牌之一。

Theory

Theory以多样款式的白衬衫而著名。如果你想要纽约人的高雅，Theory的宽松款白衬衫就是你绝佳的选择。

Vivienne Westwood

请注意Westwood的经典白衬衫吧。这款装饰着三个黄色透明纽扣的希内克白衬衫，既简约经典，又浪漫时尚。

Time

这是韩国国内最好的衬衫品牌之一。小领子很适合女性的体型，而且每季都会出品各种材质的白衬衫。本人推荐海力蒙组织的棉质白衬衫。

在迷你连衣裙上，如夜空星星般闪烁的亮片

“一闪一闪亮晶晶，满天都是小星星。挂在天空放光明，好像无数小眼睛。”

经典的儿歌时常回荡在我的耳畔，儿时那片挂满星星的夜空，在我的脑海中挥之不去，是我童年永久的美好回忆。可是现在，都市生活的气息弥漫了整个星空，我再也看不到那么美丽的星星了。但是，在我的内心深处，它们却依然闪烁着。

那天我到东大门元旦市场去调查，竟然奇迹般地又看到了那片消失已久的星空。在我眼前无声地闪烁的它们，好像在对我说：“请把我带走吧。”其实，那并不是星星，而是密密麻麻聚在一起的亮片，它们以黑色为背景，就像是乡村的夜空一样，又恰似孩子们一双双纯真的眼睛。

在黑色连衣裙的衬托下，亮片显得越发晶莹剔透，仿佛是从夜空中摘下的星星。从薄薄的丝巾和庄重的腰带，到帅气的配饰手握包和性感的高跟鞋，星星们在各种各样的配饰中占有重要的一席之地。考虑到这种材质本身的华丽感，在制作连衣裙时不宜直接使用，设计师总会犹豫不决。因为不管穿连衣裙的人愿不愿意，华丽的亮片在百米之内就会受到周围人的关注。所以，亮片这种与生俱来的特点，多数只会用于突出华丽的特质或者点缀。比如说新泽西风T恤的胸口处贴着亮片，夹克的领子或者口袋加一层亮片装饰达到点缀的作用等等。可以说亮片材质就是一种点缀材质。

有一次，我去参加某品牌的几款护发产品的广告策划会议，听到该产品的广告诉求点是使用后头发既润泽又有光泽时，我的脑海中一下子就闪过了那片夜空下的星星。用那闪闪发光的亮片材质不就能准确地表达产品形象吗？剧本计划拍摄在T台上华丽走秀的时装模特，我想没有什么比采用亮片材质来体

现更完美的了。最后，我的想法被付诸实践，还得到了策划者的充分肯定。

那件服装共有三个人穿过，韩国的超级模特张润珠、朴慧琳和韩惠珍。世界模特小姐排名第九位的美籍韩国人朴慧琳，是巴黎、米兰和纽约时装展上的第一人选，也是参加许多服装展T台秀的模特。韩惠珍是古驰、路易·威登和马克·雅克布等最高设计师时装展上的主要模特，也活跃于韩国、巴黎、米兰和纽约时装秀的T台上。老天对这两个人实在是宠爱有加，赐予她们如此完美的身材，甚至是在一公里以外也能看出她们迷人的魔鬼身材。

能够站在时装展的舞台上，并不是轻而易举的事。模特的身高要在176～178厘米之间，而且还要有个性、完美的走台基本功。所以，177厘米的韩惠珍和178厘米的朴慧琳，以修长的身材和炯炯有神的眼睛在T台上展现自我的同时，还向全世界诠释了时尚的魅力，她们能成为世界顶级的模特也是毋庸置疑的。

广告中还有一位模特，她就是张润珠。我第一次见到润珠，给我的印象如同初春浅绿色的枝芽一般清新愉悦。她的粉丝团队一点也不亚于韩国艺人的。也许她170厘米的小个子和235毫米的小脚，以及连她自己都会为之烦恼的大腿，确实不适合服装展的T台，但张润珠却是经常游走于韩国时装展舞台的顶级模特。

恰恰是张润珠这些不利的条件让她成为了顶级模特。不为自己的缺点自卑，反而能将其转化为优点，她神气昂然的自信心就像能完美遮住所有缺点的粉饼一样，把她修饰得完美无瑕。这似乎与我深爱的夜空繁星和迷你裙上的华丽亮片一脉相通。

华丽的亮片迷你连衣裙，加上尊贵典雅的张润珠，如此天衣无缝的结合，恐怕这个广告不想成功也难了。背景音乐又是愉快自信的糖果组合Sweet Box的《Super Star》，自信的模特、亮丽的服装、动感的音乐，三者结合给观众以视觉上的冲击，这种画面如何能不征服消费者的眼球呢？

亮片服饰的搭配技巧

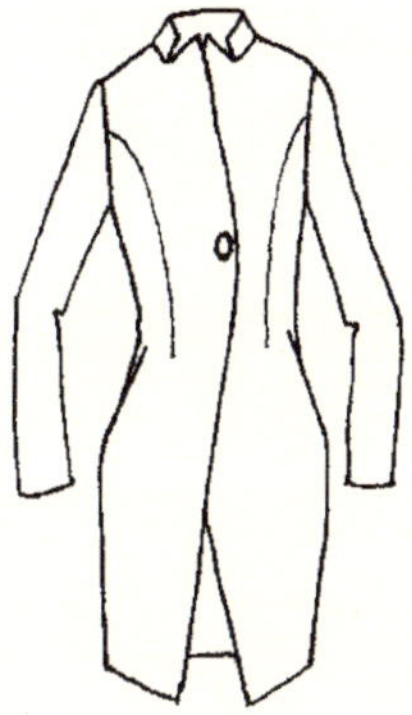

亮片连衣裙

这种连衣裙自身过于华丽，所以穿的时候一定要多加小心。穿这种连衣裙的时候，上面穿一件能完全覆盖连衣裙的外套，只在外套的下摆处隐约看见一点连衣裙也是不错的搭配法。有时候，过于显现华丽的内部反而会失去其性感的魅力，倒不如若隐若现，看起来更性感。不过，如果是在夜总会的话，你可以尽情地大胆裸露，灯红酒绿之下，你一定是派对女王。

亮片短裙

亮片短裙要穿出休闲的感觉最好。如果配上宽松的T恤，再加上短马甲点缀一下，可谓是锦上添花。贴身的直筒亮片短裙，配上高雅的白衬衫，性感的城市装就触手可及了。

亮片平底鞋等鞋配饰

金色、银色和黑色的亮片平底鞋，与任意一款短裙搭配效果都不错。如果全身上下只有鞋子最显眼，那么很可能视线就集中在下半部分，而你的美貌可能就被忽略了。所以，上半身也要略加修饰一下。如果只有脚很醒目，这不就是喧宾夺主吗？

风靡一时的机场装扮——羊绒开衫

她穿着绿色的棉质衬衫配上轻飘飘的棕色雪纺裙，自信地走在马路上。紧随其后的女人们也都穿上了同样的衬衫，同样的裙子，走在她的后面。这是一个广告的场景，走在前面的那个模特就是金南珠。可能大家不知道，金南珠平时的穿着比T台上更时尚。作为金南珠多年的造型师，我不得不向你们真情告白，因为这就是事实。不管是去见亲近的朋友，还是参加商务会谈，抑或是旅行去机场，她总是把自己最好的形象展现给别人。她就是这么时尚。

简单的长裙和高档的羊绒开衫，轻便的棉大衣和舒适的平底鞋，还有能藏住素颜的大号太阳镜，没有一件不是精炼的服饰，但也绝对不是刻意讲究的打扮。她穿的每一件衣服都是普通人就可以拥有的常见服饰，只是结合了她不平凡的造型，所以带给我们眼前一亮的感觉。

她的机场服饰中最能抓住我眼球的就是经典的薄羊绒开衫。虽然我们都有薄开衫，但她的样式和颜色却多种多样。纯洁的象牙色、活泼的黄色、柔和的棕色以及精简的黑色。但是不管怎样，羊绒的材质看上去就感觉很文静、高档而有女人味。

羊绒是由印度克什米尔地区的山羊或中国西藏的山羊的软毛编织成细线做成的。16～18世纪，羊绒的大量生产使人们对其有所关注。由于传统手工业技术的衰退，编织已经普遍机械化，出现了平织或者绫织技术。编织时要把毛的纹路捋顺，以便编织出来的羊绒触感更柔和，不仅保温性大增，还更加轻便。正是因为这个特性，在寒冷的冬天，羊绒是比较昂贵的最佳保暖衣物，但因为其纤维强度较弱，在保管时一定要小心谨慎。

别看有的羊绒开衫薄得都能透到里面，它可是有很多用途的，尤其适用于长途飞行。所以，虽然飞机上常年准备毛毯，却经常不够用。羊绒材质的则不同，其薄而暖的特点，受到了飞机乘客的普遍青睐。我推荐这款高档的羊绒开衫，作为你既不休闲又不正式的全能搭配，是不是感觉很不错呢?

羊绒材质不仅可以制成开衫，还有很多样式的服装供我们穿着搭配。凭借羊绒纯天然的特质，且着色柔和，用于制作深色的配饰围巾、基本针织衫、短裙或者上衣等可谓是当之无愧的万用材质。针织方法可分为针织羊绒和梭织羊绒，针织羊绒主要用于开衫或者围巾、针织衫，梭织羊绒主要用于大衣、夹克和多彩的围巾。

其实，羊绒服饰并不是潮流，其材质本身的高档感大多数都会被设计为经典款服饰，任何装扮都能显出安全感。在电影《爱是妥协》中，戴安·基顿常穿一件羊绒服饰。象牙色的羊绒高领衫，散发着精致女人味的大领黑白相间横纹瓶颈针织大衣，舒适的白色羊绒开衫，都使戴安·基顿优雅、自然地诠释出著名喜剧作家的角色。

记得有一次，一个朋友看完外国电影后说道：“这些人怎么都这么时尚，穿了件越南长裙也能显得这么大方，挂了件T恤也那么帅气，就连拿着像购物袋的包，看上去也觉得很高雅。这太不公平了！”听完那句话我笑了许久，但笑着笑着突然觉得果然是有点道理。理由到底是什么呢?

已成为两个孩子母亲的女明星金南珠，只要她穿的、戴的都会让人觉得很漂亮、很时尚，可仔细想想，这感觉并不是轻易得到的，而要经过不断的努力和时刻的重视。所以，你不要觉得很不公平。我希望金南珠能有精致的气氛，加上戴安·基顿的优雅和知性，也可以说这两个人的形象有着相似之处。女演员要学会享受岁月为自己带来的光辉，学会把年轮散发出的深度和稳重作为自己的武器并充分利用。现在，很多人想利用科学手段阻止岁月如流水般的流逝，尽管努力用了很多肉毒杆菌和填充材料弥补，但比起年轻人的自然、青春的微笑，她们依然很尴尬。

羊绒开衫和人一样，也会随着时间的流逝，显现出它的年龄，腋窝和后背的毛球就是它的年龄。但如果基础好，品位高雅的服饰会连毛球也能呈现出你自然的美。Love Style

既实用又时尚的羊绒服饰

羊绒开衫

羊绒开衫和围巾一样，也是基本的羊绒服饰之一，一件服饰能帮你克服换季期间的昼夜温差。在昼夜温差大时，普拉达的开衫连同温暖一起成就你不轻浮的搭配。当然，这款搭配也适用于初秋和春天，夹克最好选用颜色偏重一些的比较好。

羊绒围巾

羊绒围巾既能显示出休闲的感觉，又能通过梭织编织法赋予你正式的美感。即使是梭织羊绒围巾，只要色彩适合，搭配在哪里都会起到经典、独特的点缀效果。

羊绒大衣

这种材质多用于男性定做高级大衣。如果你想要男性化一点的效果，可以随时挑战。

©Vogue Korea, Kim Sang-gon

羊绒针织衫

针织衫有高领衫、圆领衫、V领衫等多种款式。如果按颜色准备，秋天和冬天你就不需要其他的衬衣了。

羊绒卫衣

如果你想穿出既高贵又休闲的服装，就一定要拥有一件这样的服饰。在蒙口（Moncler）羽绒服里穿着，或者初秋时配在牛仔夹克里都很漂亮，与简单的羊毛大衣搭配也是个不错的选择。把帽子拿出来就像是戴了围巾似的，在休闲的同时，羊绒本身的品质感还会提升你的时尚指数。

女性永远的浪漫梦想——花呢夹克

被称为可可·香奈儿的加布里埃·香奈儿，从1883年出生到1971年生命结束，她为全世界的女性创立了希望和梦想。世界上还有哪个女人比香奈儿的人生更具电影色彩？出生在贫穷的家庭里，为了忘记自己黑暗的过去，香奈儿也许只想制作属于自己的电影，并成为那部电影的女主角。她的人生计划成为所有女性向往的对象，她才是真正的神秘主人公。

有一次，我到巴黎康朋街的香奈儿时装店拍摄时尚杂志《Elle（依都锦）》封面。那家店就是香奈儿曾经住过的楼房，现在已经变成一座博物馆。当时，我迫不及待地进去看了看她设计过的沙发，以及亲手装饰的空间和家具。毕加索、达利和让·科克托曾经都为她的威风凛凛和热情而倾倒，而那里好像依旧驻留着她的灵魂。

香奈儿出生的19世纪后期，和她开帽子店以前的20世纪初期，女性的服装都没有脱离中世纪的痕迹。用紧身胸衣勒紧腰部，用蕾丝和褶边装饰的像壁纸样的连衣裙，就是女性优雅时尚的典型代表，而制作舒适上衣或者连衣裙的材料却是男性服装内衬的材质。

然而，香奈儿却果断地让女性从连衣裙中解放出来，为了使衣服种类繁多、穿着舒适，她进行了前所未有的革命性设计。如果说这个时代的发明家是爱因斯坦，那么为女性改革的发明家就是可可·香奈儿。她设计的物品直到一个世纪之后的今天，依然是众多女性的浪漫梦想。她的香水“NO· 5”，“2.55包”和她设计的“花呢夹克”正是证明了这一点。

其中被赋予最高评价的当然就是花呢夹克了。用小颗粒铺盖而成的触感不仅舒适，而且柔美的蜡笔

08
2008 August

08
2008 August

颜色和潇洒的单一颜色花呢材质，与其说是属于香奈儿的，还不如说是属于所有女性的。所以，香奈儿的花呢正装能够带来什么样的满足感，也许只有穿着它的女性才能领悟到。

我有一种不祥的预感，似乎不会再有人能设计出穿梭于经典和超级流行的服饰了，因为我认为从其他服饰上发现花呢夹克的优雅和浪漫、休闲或知性的面貌，已经是不可能的事情了。

每次见到于镐京都会感觉到花呢夹克的感性。形象端庄而且温文尔雅的于镐京，正恰到好处地展现出了花呢夹克的女人味儿。但是，在众多电视剧中看到于镐京多种多样的形象，总会打破她给人留下的固定印象。知性而又可爱，讨人喜爱而又不失性感的她，那多姿多彩的容貌恰好是香奈儿发明的花呢夹克的女性版本。而且不管她的形象怎么样地变化，她的高贵感都会如影相随，仿佛香奈儿的花呢夹克瞬间渗入到了于镐京的灵魂中一样。

我始终相信，直到地球灭亡的那一天，花呢夹克都会毫不动摇地吸引女性的心。如果有人问“如果地球灭亡了，你会做什么”时，恐怕有些女性朋友会毫不犹豫地回答：

“我会穿着香奈儿的花呢夹克去种一棵苹果树！”

依TPO不同的花呢夹克搭配

优雅风

配上端庄的花呢短裙正装，或者在象牙色丝绸连衣裙上搭配蜡笔颜色的花呢夹克，然后再配上爱马仕舒雅的凯莉包，优雅变身，你的华丽姿态甚至能让杰奎琳·肯尼迪·奥纳西斯羡慕不已。

浪漫风

配上轻飘飘的雪纺褶裥短裙，春风荡漾的一瞬间，让温馨和浪漫衬托你羞涩的脸庞。珍珠项链和系在小手提包上的丝绸围巾，仿佛就是这款搭配的公式。不要犹豫，遵循这个公式吧。

休闲风

配上水洗牛仔裤和短款花呢夹克，这就是傲慢都市的奢华休闲装。此时，不管你配上什么样的包，都能使一身的服饰散发迷人的光彩。

性感风

用紧身蕾丝直筒短裙搭配深V领花呢夹克，再配上镶着华丽水晶装饰的周仰杰时尚宝石凉鞋，或者莫罗·伯拉尼克的箭头细高跟鞋，都是不错的选择。如果能配上带有科伦坡钻石的鳄鱼皮手包，你就不用羡慕好莱坞的女演员了，这就是完美的性感装。

帅气风

希尔瑞或斯特拉·麦卡托尼时尚简练的修身羊毛混纺裤，和花呢夹克就是绝佳搭配。如果能配上金色链子和皮革缠在一起做包带的香奈儿2.55时尚大包，你就可以去参观现代艺术画廊或者博物馆了。

白色连衣裙也性感

你也害怕岁月流逝吗？其实岁月流逝并不是就意味着变老，这取决于对待人生有没有放宽心态。为了永远保持年轻，去做双眼皮，做拉皮，靠肉毒杆菌和填充材料抚平皱纹的女人到处都是。但是，这样人造的面孔似乎已没有情绪可言，丝毫感觉不到快乐和忧伤，像是没有了生命力的洋娃娃。

我们可以充分理解女性渴望漂亮的心态，也十分赞同她们努力的行为。但是，对于更看重女性气质的我来说，像芭比娃娃那样的漂亮却没有一点个性可言。我相信，你也绝对不想近身一看就能看出来整过容，只能说这是毫无情感可言的美貌。

很多人认为，上了年纪的演员一定会经历潜规则似的整容。这里，我要给大家介绍一位韩国艺人，她就是李美淑。婚后生有一儿一女的李美淑，却保持了比30年前出道时还有魅力的美貌和身材。其实，她也憧憬过永葆青春，不过现在靠运动锻炼出来的身材，仔细一看就能看出来，尽管脸上也悄悄烙上了岁月的痕迹，眼部也出现了皱纹，但依然散发着女性的优雅和知性美。

那些用肉毒杆菌收缩脸部肌肉，用填充材料填补脸部缺陷的女性，经过侥幸的矫正后，面部表情变得僵硬和没有生命力。而李美淑却恰恰相反，从她夸张的演技中就可以看到，面部表情始终是很自然饱满的，这也正是那些“僵尸表情”女性无法感觉到的愉悦和畅快。前不久，我和李美淑一起拍摄时尚杂志《W》的海报。这次海报的主题是20世纪20～30年代的女人，也是传说中摄影师曼·雷的作品。在造型上，我使用了很多优雅的黑色礼服搭配，但最后却献给她一款白色的连衣裙。穿着大V领的白色无袖连衣裙，她那优雅而华丽的神态深深吸引了在场的所有人。

我们常常会想到白色连衣裙象征着纯真，除了纯粹的女人味和优雅的感觉之外，白色连衣裙其实还包含了我们想象不到的性感。白得几乎都能透到肌肤线条的白色雪纺连衣裙，不仅浪漫、纯粹、优雅，而且性感十足，还能彰显个性和高贵气质。

白色连衣裙的种类很多。纯棉材质的宽松款A字迷你连衣裙不仅可爱，还十分讨人喜欢。当特维基和伊迪·塞吉维克穿上有水晶装饰的衣服，或者穿着蒙得里安黄金分割线的迷你连衣裙时，世界上几乎所有的男性都会爱上拥有一头男生短发的她们。像蜘蛛脚般竖起来的睫毛，涂上黑色的睫毛膏，再化上烟熏妆，在浪漫连衣裙的衬托下，她们显得颇为理智和性感。

羊毛做成的H线条迷你连衣裙，既优雅又能彰显出知性的一面。搭配长至小腿的黑色羊毛连衣裙，加上浅口低跟鞋、丝巾和大墨镜的杰奎琳·肯尼迪·奥纳西斯，就是知性女人的代名词。喜欢穿上纪梵希迷你连衣裙，梳高头发的奥黛丽·赫本就是优雅的代名词。她那优雅、知性、高贵的形象，经过了岁月的洗礼，现在依然是时代的流行典范。

大V领线条的雪纺连衣裙其实也很性感。穿上突显丰满的胸线和细腰的白色连衣裙，玛丽莲·梦露在纽约地铁的风口，摆出的那个至今仍让人记忆深刻的经典的裙摆飘荡姿态，加上她脸上性感迷人的笑容，打造了传说中的性感美，甚至时至今日还有很多人在模仿这一动作。

我们常把演员千变万化的脸比喻成白纸，那么白色连衣裙不就是最能变化女性形象，像白纸一样的服饰吗？在白纸上，我们可以随心所欲地表现出自己想象的世界。既能画出凡·高热情的自画像，莫迪里阿尼的优雅可爱的女人，也能画出克里姆特的性感女人。

真正爱自己的女人，能用白纸似的白色连衣裙征服岁月的流逝。因为白色连衣裙上表现出来的威风凛凛、脸上充满岁月痕迹而又自信满满的女人，比那些过分关注自己并企图返老还童、没有表情的女人自由得多。

©W Korea, Lee Guen-ho

韩国人眼中的**瘦腿裤**

迷人。她那双黑而透明的眼睛，她那清澈而透明的微笑，她那细长的手臂和腿，她那细致的手指，她那干净而清透的皮肤……迷人！

这是所有男人梦寐以求的女人，当然也是女人们嫉妒的对象。如果有人问世间是否真的存在这样的女人，我会毫不犹豫地回答："有。"她就是金敏喜，而且我能一口气说出金敏喜迷人的100个理由。

大概是在1998年，我参加了"香樟"时尚杂志的宣传搭配活动，见到了模特金敏喜。当时身为《Ceci》、《伊科尔》等青少年杂志人气模特的她，果然像所有工作人员口中说的一样，好像一只可爱的小狗。

当时她已经二十几岁，正是深受万人羡慕和瞩目的时尚明星。只要是她穿的衣服款式，其他女性都会跟风穿；只要是她选择的配饰，所有人也都会跟着选。就这样，她变成了一个时尚精灵，在时尚的道路上引领先锋。

不过，她今天的地位其实早在我的预料之中了。几年前，所有人都穿牛仔宽口靴裤的时候，她几乎和超级模特凯特·莫斯同一时间穿上了瘦腿裤。而我个人认为，比起凯特·莫斯的瘦腿裤，金敏喜穿起来更具魅力，

©Cosmopolitan Korea, Cho Sun-hee

更加吸引人。或许是我热衷于金敏喜时尚装扮的缘故，我第一次看她穿上清爽的蓝色瘦腿裤时，她用马克·雅克布的黄色尖头平底鞋，宽松的T恤和垂下来的棉布包来搭配。如果不是她那细长的腿来诠释和表现，几年后的今天，这款搭配绝对不会成为韩国的国民服装。而她那超前的时尚感，连我这个时装包装师都为之感叹。

众所周知，东方人腿短，而且多数人腿型较弯曲，瘦腿裤对于东方人来说实在只能是望而却步。但是，这样的瘦腿裤不仅在韩国，就连平均腿长比韩国人还短的日本，也拥有着爆棚的人气。可很少有人知道，其实瘦腿裤早在多年前就已经流行过了，当然和现在的设计和轮廓是有很大区别的。19世纪80年代后期，当时正流行贴身牛仔裤，它的轮廓其实就是现在的瘦腿裤。当歌手金完在宣传《青春的步伐》电视节目时，流行瘦腿裤长到脚踝，也是适合东方人体型的高腰设计。

就是这种短款的紧身裤，二十几年后的今天，以瘦腿裤的形式回到我们身边，依然受到人们的热捧。有人说，流行总是会转回来的。如果现在你无法抵抗韩国的国民服装瘦腿裤的潮流，就要穿出属于自己的时尚。

我们先来看看裤子的长短。裤长当然要盖过脚踝骨，而且要穿出三球开伦的感觉，但这和台球的三球开伦就是两种意义了。三球开伦就是鞋和裤脚相碰的部分有三重褶皱的意思。如果褶皱太多，就会感觉腿短，没有褶皱的裤脚则会显得不够时尚。牛仔裤，特别是直筒或者裤脚窄时，褶皱很重要。

还有一点值得注意的是，从骨盆到大腿的轮廓，过于纤瘦的大腿和过胖的大腿一样难看。如果能通过适当的下肢运动锻炼出紧致而结实的大腿，就能像金敏喜那样穿出漂亮的瘦腿裤了。

现在，金敏喜在她那迷人的眼睛上戴上了保罗·史密斯的经典黑框眼镜，甜美的微笑上还抹了诱人的裸色唇彩，等待爱情来牵的细长手指，细腻光泽的肌肤……这一切都洋溢着甜蜜的幸福。

配上瘦腿裤，穿出时尚

用基本衬衫配上背带点缀

在宽松的白色衬衫上，搭配皮质背带点缀，就能显得简单而又时尚。宽松的毛线帽或者经典的礼帽，则能搭配出男性化的时尚。

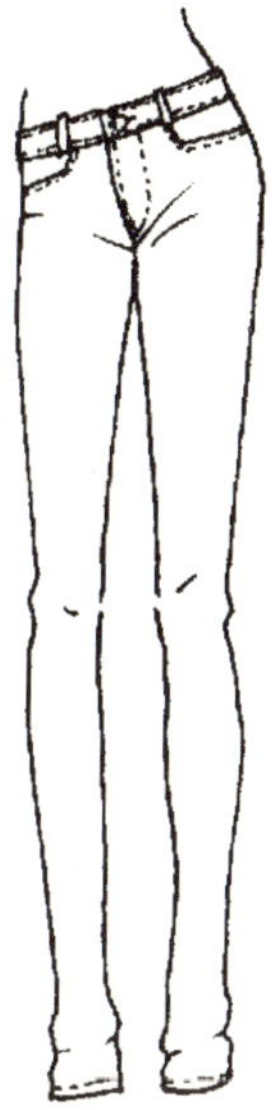

脱掉高跟鞋，穿上平底鞋或者匡威布鞋

浪漫的平底鞋能把休闲的牛仔瘦腿裤变得女性化一点，而匡威布鞋则能提升你的开朗指数。

用独特的配饰装点时尚

如果能搭配果断的亮片，或者带着可爱吊坠的长项链等个性首饰就更可爱了。配上黑框眼镜或者宽松的长开衫，金敏喜的时尚搭配就完成了。

垂下来的包能完成搭配

比起硬朗或者有型的包，配上Goyard'st.Louis 这种能垂下来的包，或者帆布材质的无形包会提升你的时尚指数。

娴静和性感只有2%的区别

“你还好吗？”一头短发的女人站在雪地里大声地呼喊。电影《情书》几乎让所有韩国人记住了这句日语台词。虽然是1995年的作品，但是过了13年它依然不过时，是不是因为那经典的气氛让人们难以忘却呢？

当时仅仅二十几岁的中山美穗，在影片中一人担当了两个角色。时至今日，她也已到了中年，我感觉自己在和她一起慢慢变老。在观众的脑海中，中山美穗似乎是《情书》这部影片的代名词，但她其实早在十五岁的时候就以歌手的身份名扬四海了，我很喜欢她那首《比世界上任何人都爱你》，当时我甚至用空碟的前后面都录上她的歌，放在随身听里听，即使是现在我也能哼出几句来。她有着东方人特有的圆而黑的眼睛和小脸，是所有男人梦寐以求的理想恋人。她如此大众恋人般的迷人相貌，让我也情不自禁地深陷其中。

此外，中山美穗还生活在我憧憬的城市巴黎。今天的她依然拥有从前的美貌，还有一个国际知名作家的老公（《冷静和热情之间》的作者），以及和老公从一个模子里刻出来的乖儿子，她简直是世界上再幸福不过的女人了。后来，我再次得到了一个为她搭配时装的机会，那一瞬间对我来说，就好像是见到了一见钟情的恋人一般欣喜无比。

第一次见到她时，我从她那双又黑又大的眼睛里感觉到了一丝神秘，因为她的形象就犹如她的眼神一般神秘莫测。这次设计一定要将她的这种神秘感展现出来，既要性感也要可爱，娴静而又休闲，还要带有一点波西米亚的感觉。最重要的是，要贴合她的性感形象，将这样一位妙龄女人的婀娜多姿展现得

©Marie Claire Korea, Oh Joong-suk

淋漓尽致。

把这么多元素混合到同一个形象中去，对我来说仿佛数学考试中拿100分那么难，也像是在修订一套宪法，尝试了各种时尚的服装，却还要不断地设计并修正。但是在这个过程中，我发现了一件令我心潮澎湃的事，那就是发现了时尚正装裙装的魅力。以前我只把正装裙当成端庄的工作服，但正装裙似乎对我的看法有意见了：“你歧视我们的魅力。”

原来正装裙不只是我们想象中那种单纯的工作装，它同时隐藏着性感。简单、端庄的正装裙恰恰将模特的身材展现得淋漓尽致，使女性散发着耀眼的性感和秀色可餐的魅力。所以，不管是男人还是女人，学会穿一件完美的正装其实很重要，并不是所有人只要穿了正装裙就一定会变得性感。

最重要的是，正装裙容不得一毫米的误差，一定要合着女性身材的轮廓裁剪，这样做出来的正装裙才算得上完美。其次是要依照脸的比例正确测定肩宽，而且肩宽必须兼备均衡感和紧实的腰部线条。如果肩太宽就会显得身宽体大，肩过窄又显得头很大。最理想的脸部和肩宽比例是肩宽正好是额头到下颚的两倍宽。

除了线条之外，还要注意的就是裙子的长度。不是比膝盖高，就是正好到膝盖，或者稍微盖过膝盖的长度，有时还会选择到小腿的长度来搭配。对于腿长的模特来说，裙长并没有什么意义，但是韩国99.9%的女性似乎都天生不具备这种修长迷人的美腿的条件。所以，时尚达人们在选择裙长时，一定要慎重。

完美的身体曲线，长裙下露出的小腿，尖头高跟鞋，这些似乎都能让女人们感觉到娴熟和性感之间2%的区别。再加上中山美穗那双神秘的眼睛，让她变成了一个来自另一个世界的不可思议的女人。选出一款适合你的正装裙，你也能变身为让人羡慕的女人。

突显漂亮腿型的裙长

小腿比例偏长

选择正好能盖住膝盖，而且能完全露出小腿的裙长最为合适，这样既能突显小腿的长度，又能帮助你修长整个线条。

个子高但小腿短

裙长最好到小腿最突出的部位，这样既能突显全身个子高，也能遮掩小腿短的缺点。

不仅个子小而且腿也短

要选择正好到膝盖上面的长度，这样可以通过视线提升的效果拉长整个身体，也能让人产生直到膝盖都是小腿长度的光学幻觉。

2009，曼谷

花儿盛开的秘密庭院

花儿很美。

心爱的女人也很美。

所以心爱的女人就像花儿一样美。

我上大学的时候，在伦理课上学到了三段论法，当时感觉这个东西真是神奇，因为依照这个伦理，女人和花儿都会变得很美。任何一个男人都会认为，自己心爱的女人比花儿还要漂亮。但是，随着时间的流逝，女人富有弹性的皮肤也会像花瓣一样凋谢，岁月的痕迹在不知不觉中爬到她的脸上，她的美丽也会大打折扣。现代都市女性对美的渴望愈加明显，许多商家也推出了延缓老化的医学用品，但是用注射液代替老去的皮肤，这未免显得太不平衡了。

如果有人让我在地球上挑一件最美的东西，我会毫不犹豫地选择花儿。它既不像小狗那样黏人，也不像小猫那样狡猾，更不像云彩似的在那么远的地方让人无法接近。尽管它的寿命不长，但它多样的色彩能让我们的眼睛感受到快乐，或许我们更应当感谢它才对。

不知道是不是出于对花儿的喜爱，设计师很久以前就把女性希望像花儿一样美丽的愿望绣在了衣服上。丝绸上妖娆妩媚的玫瑰，针织外套上用亮片和珍珠绣出的高贵百合，和服上纯洁无瑕的梅花，韩服上透明硬纱的茶花，这些似乎都被东方国度赋予了女性的柔美与婀娜。

翻阅世界服装的历史就会发现，我们只有在生活举步维艰时才能找到花儿。而生活在繁荣城市的人，却喜欢简单的款式，而不是花儿的华丽。在全球经济萧条时期人们则会选择绚烂多彩表现出内心对华丽的渴望。有时候即使是盛开在田野里的野花表现出的那份朴实的本色，也会让我们联想到现实中不存在的美丽花朵。可能我们每个人的心中都各自珍藏着一朵美丽的花儿。

比起现实中存在的花儿，我更喜欢像水彩画一样，充满简单梦幻的花儿。小时候总喜欢画只有五六个单层的花朵，再添上细细的根和两片绿叶，这似乎就是我心目中最美的花朵。即使看到再逼真的静物画，也比不上小孩用自己纯真心灵描绘的简单粗拙线条的花儿。

就这样，花儿也同人类一样成为了地球上最古老的艺术作品，化身为美的灵感源泉，尤其是美丽的灵感被设计成短裙、衬衫或者连衣裙，用来不断展现自己的同时也在诱惑着女性们的眼睛。前不久的《玛丽亚·凯莉》服装海报上，在白色窗帘的映衬下，我给模特穿上了一件印花图案的衣服，以表现奢华的场景。而只有22岁的女模特朴艺云，为了突出花儿的美却牺牲了自己的美丽。为了奢华的粉色、绿色和蓝色的花朵，她连眼线都没画，也没有刻意表现出任何讨人喜爱的表情。当然，在那次摄影中，花儿是被突显的对象。

很久以来，花纹图案确实是贬值了。说到花纹，很多人就不由得想起那是中年大妈的专属物，也有不少人到现在还对花纹有偏见。小时候穿过的花纹罩衫或者粉红色裙子，过了这么多年，恐怕现在都已经没有这种花色了。曾经被我们丢弃过的印花，已经变身为更超前的时尚元素，正在叫醒着我们的感性，仿佛是在嘲笑我们一样。尽情地飞舞吧，用清新可人的身段将春天和夏天的花朵图案服饰尽情展示。

花纹服饰不仅是季节的诱惑，更是平时可以充分活用的服饰。比如，巴黎世家有形的夹克，普拉达透明硬纱蓬蓬裙上的奢华花纹，或者古驰的清爽黄色加上独特的黑边连衣裙，都会让女人超越时间和空间，变成一朵绽放在街上的花朵。不再做秘密庭院中的主人公，而要做一个神气昂然阔步走在街上的美丽女性，我祈祷印花能实现更深一层的美的飞跃。Love Style

如何演绎优雅奢华的印花服饰

蓬蓬裙

印花蓬蓬裙不仅能营造出浪漫的少女气氛，还是优雅的派对服装。普拉达时尚的蓬蓬裙，一定要配上紧身的上衣才好，紧身上衣和丰盛的蓬蓬裙搭配出来的线条，仿佛就是一朵盛开的花儿。

直筒裙

能显示出柔软臀部线条的直筒裙，如果配上宽松款的夹克，就会衬托出可爱而又不固执的形象。配上正好盖住臀部的宽松款大衣，强调若隐若现的裙摆，赋予你性感妩媚而又娇小可爱的迷人气质。

雪纺连衣裙

试试配上薄材质的风衣，在风衣严谨和知性的基础之上，为女人平添几分味道。特别是在下雨或者刮风的时候，风衣更能发挥其力量，到达约定的场所脱掉风衣，你就是那场派对的主人公。

合身的夹克

乍一看华丽的印花可能会有些老土，所以一定要将配饰统一颜色。修身的华丽合身夹克配上牛仔裤，既休闲又显得有女人味，奢华的雪纺叠层裙更是让你变得优雅而浪漫。另外，最好选择小巧的拎包或者是手拿包。

刮风就要穿
风衣

身着水彩颜色的印花雪纺连衣裙，踩着普拉达的驼色浅口高跟鞋，配一款随意扎上的发式，怀里抱着土黄色的再生纸方便袋，里面装着各种各样的零食。此外，她还穿着一件风衣。狂风大作的一天，一扇门开启，低头走出来一位鬈发的男人。他一直都低垂着头，连前方的路都不看一眼。突然，他在楼下和这位穿着风衣的女子相撞，女子的零食袋和男人的书都掉在了马路上。就这样，两个人开始了一场命中注定的爱情。

这是电影《不忠》里的一个场景，这个场景仿佛经常出现在我们的想象之中。一个是我小时候书签上的戴安·琳恩，一个是轮廓长得清晰俊朗的奥利维耶·马蒂内。在电影《狠将奇兵》中，与迈克尔·帕尔相爱的摇滚歌手戴安·琳恩，性感、健康而又妖艳妩媚，饱经沧桑的她转变为一个平凡、优雅而又不失激情的主妇。

谁说相爱的人就没有危机感？这部电影中的戴安·琳恩，就好像和我们身边三四十岁的人一样，过着平凡的生活。不知道是不是出于有意，韩语中把风和妇女的出轨（韩语中“出轨”和“风”的发音是相同的）联系在一起，而除了风、出轨之外，最受女人瞩目的一件东西，还有风衣。

通常我们所说的“巴宝莉风衣”是由“trench（掩护用）”和“coat”这两个词组合而成的。所以，风衣的前身就是一种用来掩护的军用服饰。雨衣配上腰带，可以起到突显腰身线条的作用；肩上还有扣肩章的圈；后领竖着，宽折边既能展开也能系上。具有以上细节的纽扣大衣就是风衣。

在常年阴雨连绵的英国，设计师设计男性套在西装外的雨衣时，就运用了军用服饰的款式。自从英国名牌巴宝莉普及了军服，并设计了风靡全球的服饰之后，韩国也开始把巴宝莉这个名字作为风衣的名字。风衣从男性服饰发展到女性服饰，当然我们偶尔也能看见下雨天穿上防水风衣的人。

看那些雨天举着黑色雨伞，竖起大衣领子，拎着大包，穿上高跟鞋走在街上的女人们，给你的第一印象就是，沉浸在灰色忧郁中的她们一定是喜欢读书，博学多识，而且受过良好家庭教育的女子，从骨子里透着一股优雅不俗的气质。不知道是风衣知性美的缘故，还是因为电影看得太多，会让人不由猜想她会不会并不单单是一个公司职员，还兼顾着小说家一职呢？要不就是专栏作家或者评议员？这一切似乎都出于我对风衣固定观念的认识而引发的无限联想。

不知道从什么时候开始，我对戴安·琳恩的风衣又多了一种印象，刮风的时候就要穿风衣。早晨丈夫和孩子们出门后，她就在家里整理家务。下午和朋友们一起喝咖啡，到书店买几本杂志，回家的路上去超市买点食品，如此潇洒自如的生活完全是一个美好主妇的幸福的全部展示。就像偶尔被风吹散开的发丝一样，我经常会想起这个因为家庭忘记了自己欲望的女人。她虽然心里会感到不安，但最终为了丈夫和孩子，还是要果断放弃欲望，这就是我对风衣持有的一种新的看法。

重新树立对风衣的认知，我自己都觉得很吸引人，有时甚至还为我的认知感到骄傲。可能就是因为这个原因，风衣给我们带来两种不同的美。知性端庄的背后深藏着像飞舞的雪纺裙般带着浓艳气息的女人。如果我是个女人，不就是梦想着自己是这样的形象吗？

我个人也只是在刮风时才穿风衣，下雨时是不会穿的。另外，我也想推荐我的朋友，刮风时把风衣穿上。还要强调一条规则，在里面穿上轻舞飞扬的雪纺连衣裙。当衣摆被风吹起时，你就可以感受到男人们望眼欲穿的眼神了。

绝妙风衣搭配出不同造型

性感风衣

穿着轻舞飞扬的雪纺连衣裙，再配上一件魅力十足的风衣，你一定会变身为一个性感女人。就像戴安·琳恩那及膝的风衣，随着款款的步伐，雪纺连衣裙随风飘逸。

高雅风衣

尖领衬衫配上宽腿羊毛混纺裤，会使你看起来很内敛。再围上薄薄的丝绸围巾，挎着大包，你就是刚从图书馆中走出来的知性女人。

浪漫风衣

奢华的印花叠层裙，配上风衣可谓是浪漫至极。选择长度到大腿一半的风衣，配上漆皮浅口高跟鞋，这就是经典而又浪漫的造型。

休闲风衣

漂亮的印花T恤，加上直筒的卷边牛仔裤，再配上风衣就能穿出休闲的感觉。把风衣的纽扣解开，配上时尚的围巾，扎上马尾辫，穿上耐克运动鞋，你一定会有意想不到的惊喜感觉。

让你的腿加长10厘米的裸露美学

直到一个世纪前，韩国人依然穿着韩服。韩服的高腰线在胸部上围，下面都用褶皱装饰，使下裙摆看起来丰满而又有弧度。再加上窄肩宽和宽袖口，穿上韩服的女人仿佛就是一朵盛开的花朵。而自然色染成的裙子和韩服的上衣，就像是把盛开在田野里的花朵和树移到女人身上一般含蓄而华丽。

韩服的美不在于华丽的色彩，也不在于花朵模样的轮廓，能完美遮住女人的身体线条才是重点。除非我们有透视能力，否则是看不出韩服里面的人的腿是长还是短，胳膊是粗还是细，胸部是大还是小，腰部是粗还是细了。从这个角度来看，韩服是世界民族服装中最能突显“隐藏美学”的服装。

隐藏美学就是为那些对自己身材没有信心的女人设计的最佳搭配技巧。可是，就因为对身材没信心，你打算藏到什么时候呢？现在到了实践“裸露美学”的时候了，但我所说的裸露美学和性感是两种完全不同的概念。裸露美学有两种方式：第一种是完美裸露方式。越短就越是要裸露出来。第二种就是隐藏的裸露方式。隐藏时适当露出线条就是技巧，也是艺术。第二种方式才是体现你简练、知性，而又能遮住身材缺陷的恰当方式。

裸露美学的第二种方法的代表服饰，就是高雅的黑色和藏青色的羊毛混纺裤，主要用于男性西服材质的高雅平织羊毛混纺裤，只要能找到适合自己体型的轮廓，它就能变成让你的腿加长10厘米的魔法服饰。不久前，在《海棉》这个节目中，由于我透露了视觉魔术的破解法而受到魔术师们的指责。可如果在这里不给你介绍一下魔法，我可能一生都会感到内疚。

首先，要正确掌握自己膝盖的位置。如果膝盖的位置较高，小腿比大腿长，就没必要苦恼了。不过，绝大部分东方人的情况都是相反的。其次，要掌握臀部线条的形态。看清楚臀部是否下垂，骨盆有没有下垂。此外，还要看清楚大腿的曲线。要随时保持身材，不要让大腿在臀部或者骨盆突显出来。如果连这些都没有效果，还想在视觉上把大腿拉长10厘米的话，这也就称不上是魔法技巧了，而是从外星球来的魔法公主。

羊毛混纺裤的轮廓大多数是由材质决定的。既不能像平纹针织那样垂下来，也不能像透明硬纱那样保持形态。要有保持形态的一定力量，也要有一定的垂坠感。如果决定使用什么材质，就要按照体型决定是要直筒款式还是要靴型裤，不然就选择有褶皱的布袋裤。依照体型选择适当的时尚，你就能成为威风凛凛的美腿公主。

也有的女性朋友个子和腿都很长，但是因为裤子的选择有误，让自己的长处变成了短处。不要为了刻意拉长腿部线条去关注“高腰裤”，即腰部长度不适当的裤子，这会让别人怀疑你的时尚感。有一个女人每次穿裤子都很有型，她就是韩流明星崔智友。173厘米的高挑个头，拥有纤长腿的她，是出了名的高雅裤名人之一。开朗、轻松、美丽的她，需要的既不是路易·威登的浪漫，也不是香奈儿的优雅，更不是范思哲的性感。

聪明的她知道自己需要的只是斯特拉·麦卡特尼和巴黎世家，以及希尔瑞的高雅羊毛混纺裤。让我感到意外的是，很多人都认为羊毛混纺裤是个老款服饰，但如果你是时尚达人，就努力把普通服饰变成入流的时尚吧。这样，你就会像崔智友那样，成为电视剧的主人公。

按照体型选择羊毛混纺裤

虽然瘦，但膝盖的位置低的体型

如果你的身材偏瘦，但膝盖的位置较低，那你就不用担心了，任何一款服饰都很适合你。但要注意选择靴裤时，宽口位置应该在膝盖的上面。

骨盆或者臀部下垂的体型

要选择臀部或者骨盆的位置直垂的一字形裤子。稍微宽松的款式也不错，不过要注意选择低腰的款式。如果腰部在正常位置，反而是在给自己下垂的骨盆和臀部做广告。

大腿粗和凸出的体型

高腰带褶皱的布袋裤是这种体型的首选服饰。这种款式的布袋裤不仅能自然遮住大腿赘肉，还能将腿部线条拉长10厘米。

不管什么时候都要坚持穿高跟鞋！

没有什么比高雅的羊毛混纺裤配上尖头高跟鞋再合适的了，而且高跟鞋也能将你隐藏在下半身的10厘米展示出来。

我的爱人穿
白T恤

就算相貌不出众，笑起来依旧散发着迷人的光彩，
眼睛眯成弯弯的月牙。
我希望我心中的她就是带着这种笑容的女孩儿。

随时都会散发出沐浴后的香气，
就像丝绸一般顺滑，
我希望我心中的她就拥有如丝般润滑的秀发。

每次出门都会先锁门，
可一上班就会来电话，
为自己好像忘了锁门而感到不安。
我希望我心中的她也像我这样是个有点健忘的人，
好让我们不一会儿就能忘记彼此的伤痛。

个子不高胳膊长，

自然的V领白色T恤下，
垂着又细又长的胳膊，
我希望我心中的她的指甲上涂着白色的法式甲油。

我希望她是个很有表演天赋的女孩。
时而像妈妈似的温暖，
时而像恋人似的性感，
时而像姐姐似的贴心，
时而像妹妹似的可爱。

出差时为我买回情侣T恤，
是自己喜欢的那款T恤。
挑了一件同款的大码衣服，
作为礼物送给我，
却当宽松款自己穿出去。
我希望我心中的她就是这样有点不懂事。

我希望她喜欢喝黑咖啡，
而且是多加白糖的那种。
这样一杯咖啡就可以两个人分着喝。
而我也可以找机会，偷偷地
吻上她的香唇。

有一天突然发现衣柜里
满满的都是没有任何印花的白T恤。

不管任何时候只要我在她家门口叫她，
白T恤配牛仔裤
白T恤配超短裙
白T恤配黑色羊毛混纺裤
白T恤配运动裤
配上任何服饰
准备时间每次都只要两分钟而已。

我希望她的睡衣也是白T恤，
把为我买来的大码白T恤
当连衣裙穿，
在床上伸伸懒腰，
为了喝口加了很多糖的咖啡，
揉揉眼睛起床的那种女人。

我希望她是个爱说“我爱你”的人，
好让健忘的我永远都能记住这三个字。
一小时一次，一天24遍，
跟我说“我爱你”。
我的衣柜里
满满的都是她挑选的T恤，
分手后为了这些衣服无法入睡的我们，
只能一生在一起。
我希望我心中的她就是这样一个能降服我的女人。Love Style

魔术白T恤

浪漫时尚

在宽松的长款白T恤下面搭配一款叠层半身裙，上面可以系上腰带，把T恤当连衣裙穿，找出叠层裙若隐若现的感觉。如果宽松T恤的领口宽，还可以配上方丝巾，以及浪漫的浅口高跟鞋和小包。

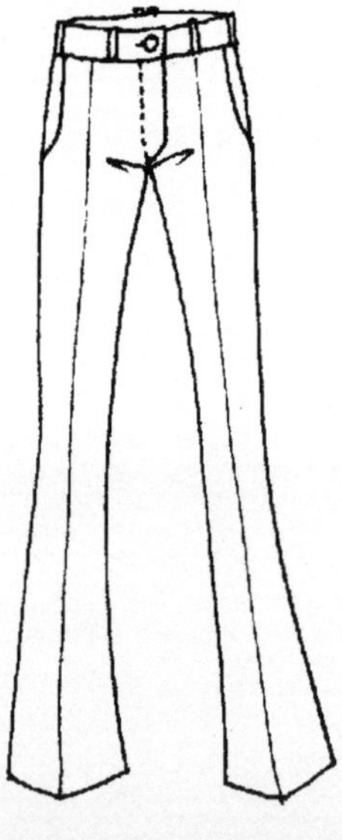

高雅时尚

大V领自然的白T恤要搭配高雅的黑色正装。小吊坠细短的项链，夹克的袖口稍微挽上来，配上中性的不锈钢手表和黑色细跟尖头高跟鞋，轻便的密码包和笔记本电脑包。

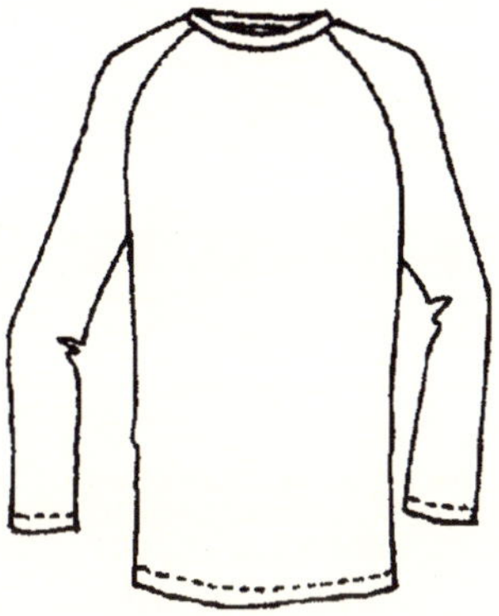

经典时尚

在圆领白T恤里穿一件水彩色系的格纹衬衫，戴上领结和棕色皮带，浅褐色的棉布裤子把裤脚卷上去，经典的帆船鞋和合身的花呢夹克。如果再加上复古时尚的皮质包，白T恤的独特经典时尚就得到了完美体现。

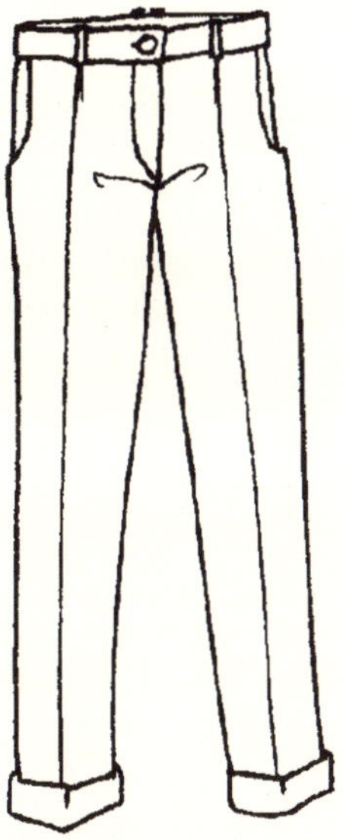

休闲时尚

白色棉T恤本身就是休闲风格，所以只要是休闲的服饰搭配起来都能协调。试着和牛仔裤、牛仔短裙、牛仔夹克、运动服外套或者夹克衫等休闲服饰搭配吧。

禁不住蕾丝长裙的诱惑

虽然她个子小，但脸也极小。不知道是不是因为她的脸特别小，从远处看，她的身体比例就是超级模特。喝醉的时候只有两腮变红的她是那样的可爱，但她却喜欢烟熏妆，仿佛画出粗黑的眼线，用睫毛膏把睫毛翘起来，就是树立了自己的自尊心一样，她每次都很用心地化妆。她的头发出奇的黑，而且又黑又长。每次看到她，都会不由自主地想起法国女人。

出生在釜山的她曾经是平面设计师。现在在经营一间名为“Broker ge”的公司。我到现在也不太清楚她在Broker ge这个公司里具体做什么事情。Broker这个词在词典里的意思是，拥有某件东西的人和需要这件东西的人之间，通过收取中介费来获取盈利，以满足需要的一方。事实上，在韩国Broker这个词带有一些负面的色彩。

但是，我尊重中介这个职业。因为这种职业需要丰富的人脉做铺垫，所以必须和人建立友好关系。她穿着一身黑色蕾丝长裙出现在我的面前。这还是平时牛仔裤配白衬衫，拿着比自己身体还大的包，穿着10厘米以上高跟鞋的她吗？当然，这样的搭配也很高雅。可当她穿着黑色蕾丝长裙出现的时候，我看到的却是她的另一面。

在时尚界，个子小的女人是不穿长裙的，因为有垂感的长裙会显得人个子更小。但这次她却神气昂然地穿着长裙，不知道是不是因为她的自信使她显得尊贵而典雅。看到我们两人走在一起，路人都窃窃私语：“真是太小鸟依人了。”可在我看来她并不小，她是那样匀称、协调。

穿着黑色蕾丝长裙和白衬衫，外面披一件灰色的长夹克，她依然化着浓浓的烟熏妆，在人群中喧闹。如果她也出生在法国会怎么样呢？对于她来说，别说是法国，就算是出生在非洲偏僻的地方，也照样能生存下来。她的长裙之所以让我吃惊，就是因为她的性格。她虽然小巧玲珑而又可爱，但是却很强势。平时只穿牛仔裤和白衬衫的她，穿上长裙已经让我吃惊了，居然还有浪漫飘逸的蕾丝。她彻底打破了她在我心目中的印象。

蕾丝是女人味儿的代名词。不管是什么样的服饰，只要加了蕾丝都会变得浪漫。想象一下，用蕾丝做的罩衫、蕾丝袜、蕾丝开衫、蕾丝丝巾……毋庸置疑，这的的确确是为女人准备的浪漫服饰。想要变得浪漫，全身上下都用蕾丝搭配，就会让人感觉像是整天做浪漫的白日梦的白雪公主。虽然说穿衣服没有对与错，但是这确实会让人觉得不太舒服。

所以，像蕾丝这样独特的材质一定要慎重使用，绝对不要搭配一件以上。如果到处都用蕾丝装饰，别说浪漫了，会让人误以为是过于天真无知的小朋友。

想要营造特殊气氛，就试试蕾丝长裙吧，它会是你彰显女人味的绝佳服饰。用绸缎做衬布，长及脚踝的手织蕾丝长裙会让你变成一个可爱的女人。当然，只要不过分就行。

今天Broker ge也会带着幸福与浪漫穿梭在人群中，叽叽喳喳地与人交谈着，为生意上的事而苦恼着。她也有可能依然化着浓浓的烟熏妆，带着愉快的笑容，在酒吧里像只蚱蜢似的从这个桌跳到那个桌。而我也不会忘记那个一年只穿四次蕾丝长裙的她。Love Style

蕾丝长裙搭配法

搭配针织连衣裙或者长款开衫

选择与裙子颜色相协调的针织开衫搭配蕾丝长裙，再系上一条围巾，既能掩盖小肚腩，看起来也很温和。配上稍有垂感的帆布布袋包，优雅地徜徉于马路上，你就尽情享受人们向你投来的羡慕目光吧。

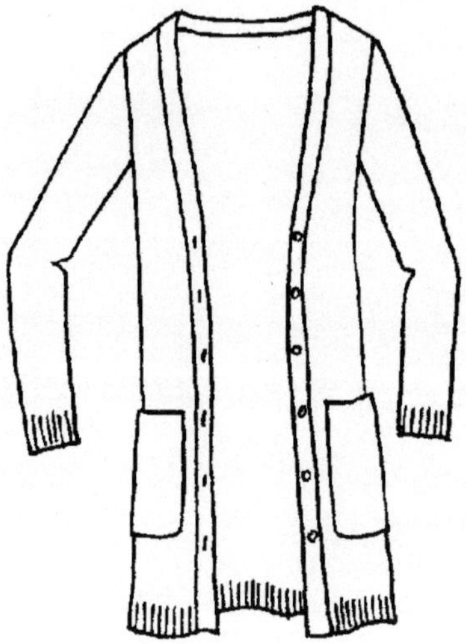

与高雅衬衫制造惊喜

这样会让你变得知性而干练。想象一下，你戴着黑色边框的眼镜和针织贝雷帽，手里拿着方方正正的皮包，走在法国的圣·安诺赫，那将是一种什么样的感觉呢？

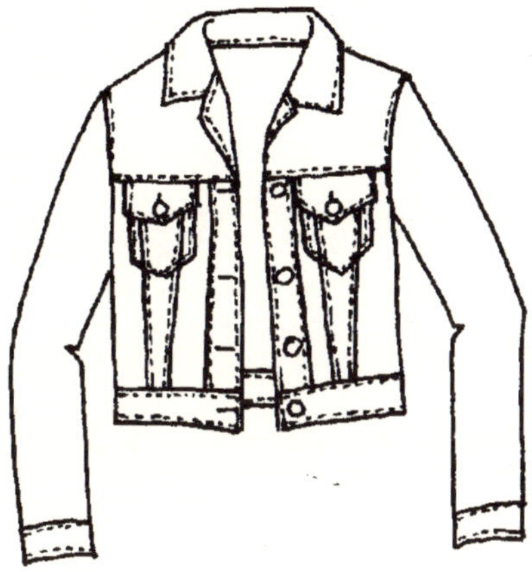

与复古的褪色夹克搭配

给人以活泼、率性的感觉。穿上短T恤，背上斜挎包，你会发现，手里拿着报纸从你身边路过的绅士们，会不由自主地向你抛来爱慕的秋波。和你一起走在大街上的男朋友，也会觉得像拥有了世间珍宝般骄傲。

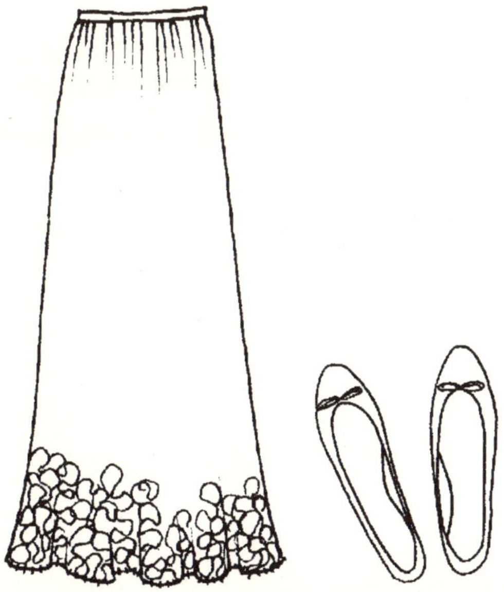

必须搭配运动鞋或平底鞋

这种搭配并不局限于蕾丝长裙。如果不是长得拖地的长裙，最好不要穿高跟鞋。随性的帆布鞋或运动鞋，NIKE帆布系列运动鞋，马克·雅各布类型的尖头平底鞋是再合适不过的了。

黛安·冯芙丝汀宝的性感设计

“裹身裙（WRAP ONE-PIECE）”是由表示包裹、缠绕、覆盖等意思的“wrap”，和表示上下衣连在一起形成筒状衣服的“one-piece”组成的合成词。顾名思义，就是包裹身体的连衣裙。

早在1972年，设计师黛安·冯芙丝汀宝就设计出了第一款裹身裙。裹身裙在当时被视为一种非常独特的款式，一经面世就受到了世界广大女性的喜爱。这也是继香奈儿斜纹软呢之后最经典的款式。我们可以从她的名字中看出来，她就是德国皇家王子埃贡·冯芙丝汀宝的夫人。但是，她一度抛弃了欧洲上流社会的安逸生活，和王子离婚之后，独自去了美国。她用自己的名字创立品牌，之后参加了1997年的纽约慈善会，并再次介绍了她消失的十年间设计的裹身裙。“自由就是我！”正是裹身裙极致地传达了只属于她的设计风格。没错，裹身裙是只属于她的独特款式，也是她的设计哲学。而在时装台上频繁登场的裹身裙，也经过了很多变化。原先只用柔软的针织物制作的裹身裙，其材料和样式都变得更加多种多样。但我个人认为，她的设计最值得人尊重的地方，就是没有采用恼人的拉链设计，也没有采用麻烦的扣子设计。想象一下，穿上既没有拉链也没有扣子，只用带子修身的裹身裙，你将会成为一个何等性感妩媚的女人。

那么，只属于女性的自由和性感究竟是什么呢？女性的自由并不是不挣钱只花钱的那种自由，女性的性感也绝对不是在男性面前谄媚撒娇的那种性感。所谓的自由性感，应当是可以成为一个独立的个体，拥有堂堂正正的自我，并能与任何人竞争的女人，这才是既自由又性感的女人。当黛安·冯芙丝汀

宝决定在满大街都是精品店的纽约开店时，人们不禁为她捏了一把汗。但是，现在纽约的街头早已不再是从前那般落后慌乱的模样了，这条顶级餐厅酒店云集的大街上，已然弥漫着香水和威士忌的浪漫香气。裹身裙里隐藏着这样的信息，只要为自己的梦想不断挑战，梦想的殿堂就会时刻为自己敞开。这件不一般的裹身裙，就是代表了黛安·冯芙丝汀宝对自由和性感充满向往的神奇标志。

多样设计的裹身裙搭配

西装衣领式的裹身裙

如果有无袖的马夹样式，在里面配上浅色的针织衫，也是一个不错的搭配。在白色衬衫外面穿上裹身裙，打造出双开衩的长夹克效果。

灯笼袖裹身裙

灯笼袖会给人一种可爱的感觉，但这种袖子并不好配夹克。如果把围巾系得偏一点，就可以增添很多少女般的可爱元素。

掐腰的长袖裹身裙

连衣裙可以给人以简洁的感觉，如果在裹身裙的腰部系上高腰腰带，把带子藏到里面，就会把这种简洁而干练的感觉演绎得更加淋漓尽致。

张曼玉、汤唯与旗袍有个约会

我有一个奇怪的嗜好，不管是什么东西，都喜欢把它们排位。这个极主观的嗜好，虽然不会给社会造成什么危害，但对我的人生也没有什么实质性的帮助，也只是自己消遣而已。

不仅如此，我的嗜好最近还有愈演愈烈的趋势。我排出了我最喜欢的10首歌曲、最喜欢的10首流行歌曲、最喜欢的10位女明星、最喜欢的10位男明星等，然后再看看我喜欢的歌在榜单上蝉联了几次第一。最近我也没闲着，依旧将我的嗜好进行到底。现在就介绍一下我喜欢的十大影片吧。

第一位，《花样年华》——王家卫

第二位，《远大前程》——阿方索·卡隆

第三位，《不忠》——阿德里安·莱恩

第四位，《下妻物语》——中岛哲也

第五位，《色戒》——李安

第六位，《被嫌弃的松子的一生》——中岛哲也

第七位，《高跟鞋》——佩德罗·阿尔莫多瓦

第八位，《杀死比尔》——昆汀·塔伦蒂诺

第九位，《忧郁的星期天》——诺夫·舒贝尔

第十位，《红猪》——宫崎骏

因为是我最喜欢的十部影片，所以DVD一定是必备的，而且每年我都会拿出来看一次。虽说有点主观，但因为都是值得喜欢的著名导演和演员出演的作品，也是颇费一番功夫才得到的。如果让我选择最爱的影片，我会毫不犹豫地选择连续五年稳居榜首的《花样年华》和2007年新上榜的《色戒》。这两个作品中的男主人公都是同一个人，而且都是华人导演的世界级影片。但对于我来说，最重要的共同点是两个女主人公的旗袍。

旗袍作为中国的传统服装，是清朝时期初次登场的。被称为“旗袍领（Chinese Collar）”的立领，加上合身的剪裁，突显出女性柔和的线条美，旁边的开衩也可以充分保证行动的灵活性。刺着龙纹的红色旗袍，绣着格子的蓝色旗袍，都向全世界宣告了中国的传统文化和亚洲民族风背后的功臣。

两部影片中的女主人公，张曼玉和汤唯用各自不同的形象表现了旗袍。张曼玉，用她曼妙的曲线，没有丝毫误差地表现出旗袍的优雅与性感。即使是同一款旗袍，如果上面的图形不同，表现出来的风格也会不一样。格纹和花纹，时而摩登，时而庄重。所以，张曼玉旗袍的图案，是让影片看起来有新鲜感的重要视觉要素。而汤唯则与之不甚相同。她的旗袍没有那么紧身，从而也就没有过于强烈的感官刺激，但这种设计却恰恰突显出了汤唯的浪漫和纯真。

旗袍本身就是展示女人柔美妖艳、妩媚的款式。旗袍把包括脖颈在内的身体各部位都捂得严严实实，只露出一双纤长的手臂，大腿两侧的开衩设计，走起路来让乳白的腿若隐若现。旗袍可以完全流露出女人隐藏的身体曲线，给人一种令人窒息的性感。

在中国风的海报摄影中，旗袍是绝对不能落下的款式，当然也是我喜欢的时尚款式。记得某个杂志拍了以《色戒》和《花样年华》为主题的海报，模特是以性格好而出名的知名演员金正恩。工作人员花了三个小时的时间整理道具，给模特设计发型、美甲。穿上旗袍的金正恩，完美地变身为集张曼玉的优雅和汤唯的纯真于一身的性感女人。

鱼和熊掌不可兼得，时尚界同样如此。“性感”和“纯真”是两个意义完全不同的词，也有可能是水和油的关系。希望这两种美能够同时出现，恐怕是一个奢望。想要优雅就要放弃浪漫，想要性感也不得不扔掉纯真。

金正恩的睫毛是那么性感，松散开的头发是那么优雅，嘴角的微笑还带着一份甜蜜的纯真。在那微笑之中，透着一种春风般沁人心脾的爱情。记得有位名人说过，爱情会让女生重生为完整的女人。在那可爱少女羞涩的微笑背后，有着不易察觉的一丝冷漠。那天，我见到金正恩之后，体会到了一个新的事实。

女性是伟大的。Love Style

拥有各种风格的旗袍

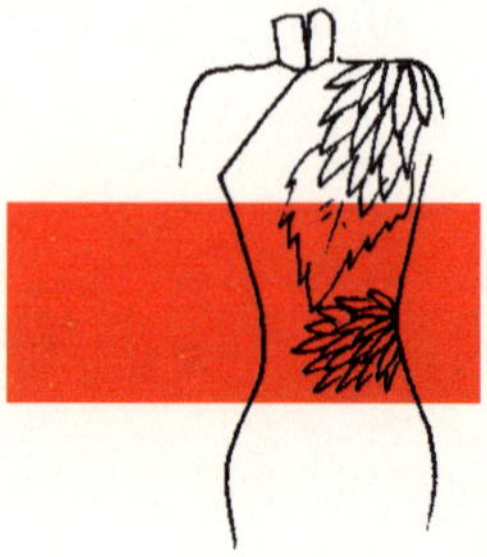

何琳——华丽优雅

体现含蓄优雅的魅力，具有民族风的大红旗袍。

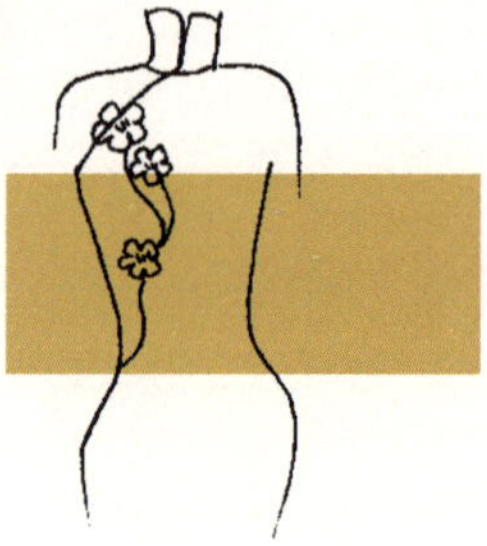

徐筠——端庄

突显端庄女人风情的米黄色旗袍，配上金色丝线，绣上小花，简直让人目不转睛。

杨幂——温柔纯真

在纯白棉布上嵌满镂空小素花，给人以大方、温柔的感觉。

池华琼——知性高贵

大方的白底黑花设计。

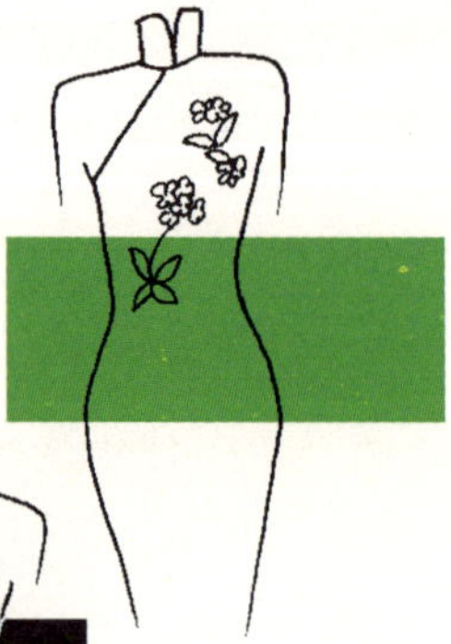

徐菁遥——艳丽

绿色底色的旗袍上绣着金色牡丹花，长袖设计。

唐一菲——摩登

一身全黑的单色旗袍与白皙的皮肤形成鲜明对比。

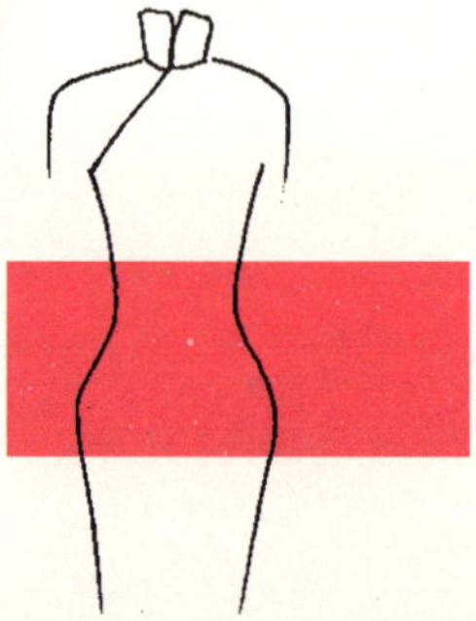

张檬——俏皮可爱

桃红色的旗袍上点缀着红花绿叶，看上去清新脱俗。

甜美的芭蕾故事

天使般的面孔，纤细的手脚，像羽毛一样轻盈优雅的步伐，它是我小时候攒零花钱买的纯情漫画《天鹅湖》中的主人公，也是使我陷入对芭蕾的固定观念的“始作俑者”。

第一次和姜艺娜见面时，对芭蕾的看法就已不再是固定印象了。为了拍摄海报做出的每一个动作，以及她穿着芭蕾舞鞋的模样，比我小时候看过的纯情漫画更加纯情。她仿佛在对我说：“这一切都不是固定观念，而是事实。”她就是我之前对芭蕾舞一直怀抱着憧憬的优雅女人。

她小学6年级才开始学习芭蕾，也是进入英国皇家芭蕾舞学校的第一个东方人。她是进入俄罗斯基洛夫剧院芭蕾舞团的第一个韩国人，也是环球芭蕾舞蹈团最年轻的首席舞者，这些光环都充分说明了她的天赋与才能，加深了我对这个像梦一样的职业的新印象。后来我们成了朋友。世上最商业性的职业人——时尚造型师，与世上最具古典艺术气息的职业人——芭蕾舞者，竟然成为了朋友，实在是让人匪夷所思。我们会偶尔见面，问问对方的情况。我们始终都认同，5分钟和5个小时之间只有4小时55分的物理时间差异而已，短暂但愉快的5分钟相见，远比漫长但平淡的5小时更有意义。就这样，我们一起度过了她在韩国的6年。

在她的人生里，这短暂的6年时间可能并没有为她留下什么深刻的记忆。而6年前，她回到环球芭蕾舞团之前，有过人生中最刻骨铭心的6年。12年前，她任环球芭蕾舞团最年轻的首席舞者时，却毅然决然地选择了离开。当时，美国芭蕾舞剧院是世界舞者们梦想的舞台，更是姜艺娜憧憬向往的地方。她拿着一张写有地址的便条，去了美国芭蕾舞剧院。在那里，她得到了美国芭蕾舞剧院艺术总监的赏识，并留在那里工作。入团没多久，她就争取到了配角的角色，直到那时，这一切都为她华丽的履历再添上了浓墨重彩的一笔。

但是，她却在练习途中负伤，而且十字韧带破裂，这让她遭遇了人生中最大的危机。手术后的第十个月，她终于又重新回到了舞台，可要想担任受伤之前的角色，需要再等6年的时间。就这样，她跳着群舞度过了这段非常艰难的时期，但她却明朗地笑着说："这个时期让我更加成熟了。"

很久之前，比利时的丹尼尔老师曾对她说过："安乐对艺术家来说，是一种毒药。"这种生活像流感一样，突袭了她6年的时间，让她变得更加成熟。她发誓，她作为芭蕾舞者就像是美丽的花朵，一定要在祖国绽放。

为了这个誓言，她无时无刻不在舞台上练习。年末总是会公演《胡桃夹子》。我问她，她的兴趣是什么，她竟然回答我说："一个人去练歌房。"想象着拥有黑亮长发和灵动双眼的她，像唱儿歌一样唱wonder girls 的《Nobody》的样子，在这之前我对芭蕾舞女主角的幻想仿佛彻底幻灭了。芭蕾舞者姜艺娜就是这样一个既让我形成了固有看法，还会把它粉碎的既平凡又可爱的女人。

但可笑的是，直到现在我还没有看过让我钟情的《天鹅湖》芭蕾舞剧。可能这就是上天的旨意吧，让我一直想象着姜艺娜插着白色羽毛，穿着白色衣服，像白天鹅一般翩翩起舞的优雅的样子。

打造芭蕾风格的必备款式

玛丽珍鞋

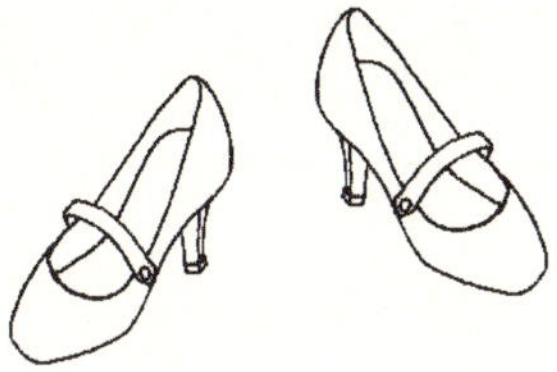

玛丽珍鞋是指鞋子上有一条脚背带的圆楦头包脚高跟鞋，一般多使用漆皮材质，如选择柔和颜色的玛丽珍鞋，则可以打造出像芭蕾那样浪漫的风格。

薄纱裙

白色、粉色或是黑色的薄纱裙本身就很浪漫。

泡泡袖衬衫

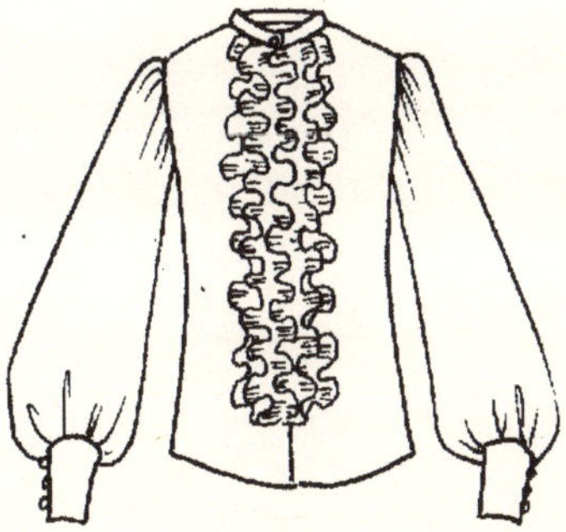

如果把脖子上的扣子也系起来，就会给人端庄、浪漫的印象。解开衬衫最上面的两颗扣子，再搭配时髦的毛料裤子，个性会显得更加张扬。

貂皮短上衣

如果在可爱的丝绸连衣裙上搭配貂皮短上衣，就会像浪漫的公主一样可爱。参加派对时，与其穿着厚厚的大衣，不如选择白色或是柔和色系的貂皮短上衣出席。

凯莉的鞋柜里有细高跟鞋

滴滴答答……这不是时钟秒针的声音，也不是考试时想不出答案，用圆珠笔敲打桌子的声音。这是世界上最性感的、向我走来的高跟鞋声音，而且还是鞋头尖尖的马诺洛·布拉尼克，比口红更娇艳欲滴的深红色细高跟鞋。

说起马诺洛·布拉尼克，马上浮现在脑海中的就是美剧《欲望都市》。主人公凯莉走进世界知名杂志社的样品屋里，看见马诺洛·布拉尼克的细高跟鞋时，惊讶地叫道：

“您知道这是什么吗？这就是有名的马诺洛·布拉尼克鞋子！”

就是这个场面，让马诺洛·布拉尼克成为吸引全世界女性眼球的幸运儿。不过，谈起细高跟鞋，我最先想到的不是《欲望都市》，而是李慧英。给人清纯印象的李慧英，是一个想把自己变得性感的可爱女人。她不仅拥有出众的幽默和才气，还具备出色的时尚触觉，这样的她无疑是可爱的。而出众的外表可能容易让人忽略她善良的内心，但对于我来说，她是与我一起同甘共苦的珍贵朋友，也是我的妹妹。

除了拥有连演艺人都羡慕不已的身材之外，李慧英还拥有一双线条非常完美的腿部，她还为其投入了巨额的小腿保险。拥有如此完美腿部曲线的李慧英，一穿上马诺洛·布拉尼克的细高跟鞋，显得更加亮眼，就好像仙女一样。但是，仙女也是有优点和缺点的，这不就是我们的人生吗，有得必有失。

先说说优点吧。在现在这个注重形态美的时期，身体的曲线是非常重要的。高跟鞋要用脚的前脚掌和后脚跟来支撑身体，所以身体会产生紧张感。身体一紧张，腰部就会挺得笔直，并且向臀部用力。穿上一个小时的高跟鞋，就等于是在健身馆做了一个小时的运动。

知己知彼才能百战百胜。就算细高跟鞋对我们的身体再不好，在你确定永远不跟细高跟鞋打交道之前，是不是也要对高跟鞋了解一番呢？并不是所有的细高跟鞋都像马诺洛·布拉尼克高跟鞋那样舒适，而且再怎么舒适的细高跟鞋，都没有运动鞋或是平底鞋舒适。因此，细高跟鞋的缺点也就显而易见了，它的确会对我们的身体造成负担。适当的紧张感可能对身体有利，但过度的紧张感却会让我们的身体难以承受。这就和我们在紧张、受到压力时，脖子后侧和肩膀的肌肉会感到酸痛是一个道理。

即使存在这些缺点，还是会有很多女性为了使腿看起来更加修长，而不惜一切代价要求自己更高。为了实现女性们的愿望，很多设计师也会高呼“再高一点”。可是，一旦中了细高跟鞋的毒，就很难自拔了。我也有一双伊夫·圣·洛朗7厘米高的高跟鞋。希望不会有人惊讶地说：“一个男人穿什么高跟鞋啊……”当然，这双鞋肯定是男式的。自从穿了这鞋之后，7厘米的高度就一直在诱惑着我，总觉得高7厘米的地方，空气会更加清新，而且拥有可以俯瞰各种人的骄傲，这种感觉简直是酷毙了。我的腿仿佛一下子长了7厘米，在别人看来，我肯定是“长腿叔叔”。

拥有168厘米的身高，小而可爱的脸和顶级曲线美的就是李慧英。对于这样的她来说，似乎已经不需要穿细高跟鞋了。难道她也会像我一样，因为熟悉了高处的空气，觉得低处空气很憋闷吗？所有的美丽本来就具有两面性，高跟鞋也同样如此。细高跟鞋虽然会给人性感的感觉，但也会给人高不可攀的疏离感。

高跟鞋总会向你投来“请你看看我吧，我一定会让你的腿看起来更加修长”的秋波，即使那双高跟鞋不是被凯莉供奉在鞋柜上的昂贵的马诺洛·布拉尼克细高跟鞋。

所以，你的选择就是，要么拒穿高跟鞋，要么拿着它去收款台。

符合TOP原则的皮鞋选择法

知性

如果你穿的是袖子硬朗的白色衬衫和潇洒的黑色毛料裤子，再搭配一个鳄鱼包，这时就要选择黑色的细高跟鞋。这样的你，一定会成为既性感又知性的基金经理，穿梭在高级法式餐厅之间。

随性

宽松的白色衬衫上印着浪漫的图案，稍微有点褪色的复古牛仔靴裤和蓝色的细带增加了不少魅力指数。如果肩上背皮包，就要选择蓝色或是紫罗兰色的细高跟鞋。这样装扮的你，就变成了一个性感的大学生，正在前往爵士表演场。

优雅

将头发向上自然地盘起，戴上小小的钻石耳环，穿上香肩微露的丝绸连衣裙。如果手中还拿着像爱马仕“柏金”包一样优雅的包，就要选择漆皮的金色细高跟鞋。如此穿着就是性感的女演员，受邀到晚宴的主人公。

妈妈的LV手提包不是国民包

在你的心目中，世界上最漂亮的女人是谁呢？看一看周边，都是漂亮女人。但我觉得世界上最漂亮的女人还是自己的妈妈。首尔的未成年人保护所里，有一个迷路的小孩在嚎啕大哭。警察叔叔问他：

“你妈妈长什么样啊？”

那个孩子答道：

“我妈妈是世界上最漂亮、最苗条的人。”

警察把首尔的漂亮女人们都叫过来，问那个孩子：

“这里面有没有你妈妈？”

孩子答道：

“我妈妈比这里的大婶漂亮多了。”

不久，一位大婶哭着跑进未成年人保护所里，把孩子抱在怀里，安心地松了一口气。警察看见她的样子之后，竟然忘记自己要说什么。因为孩子口中那个世界上最漂亮的人，竟然是个身材非常肥胖，而且完全和漂亮沾不上边儿的人。

对于我们来说，母亲比世上任何一个女演员都漂亮，比任何一个超级名模的身材还好。的确，母亲是一个特别的存在，就算我再怎么想客观，也会不由自主地有自己的主观评判。世界上最漂亮的妈妈，应该选择什么样的款式才更加合适呢？根据我个人的想法，应该是LV的手提包。对于路易·威登而言，

尽管让人气得跳脚，但冒牌货确实比真品更有名。在乘公交车或地铁时，总会看见有一两个人拿着这种包。所以，要买真品还真是觉得有点冤枉。

路易·威登的经典组合图案几乎快要成为国民包了，大街上似乎满地都是。各种尺寸大小的手提包原先是旅行包形式，随着时间的流逝，浅褐色的皮色逐渐变成了褐色，而且拎得越久，复古的味道越重，可以说路易·威登包是时间越久，魅力越更胜一筹的包。此外，它的轻便实用也深受广大顾客的喜爱。

手提包畅销的原因之一是多样的协调性。可能对路易·威登的品牌忠诚度也占有一席之地，可路易·威登其他款式的包并没有像手提包那样畅销，所以第二个原因基本上没有什么说服力。而且，30英寸的手提包还很配母亲那一辈常穿的套裙。而母亲常拎着的40英寸手提包，还很适合穿着牛仔裤，穿着衬衫的女大学生。去相亲的二十几岁年轻人，穿着华丽的短裙，双手提着25英寸手提包的样子，真是清纯。可以说，这种包与什么服装搭配都显得非常合适。

受到这种人气的鼓舞，路易·威登每年都会推出不同素材的手提包，包括其品牌字母组合图案在内的多种款式，如彩绘和村上的设计融合在一起的样式等。白色彩绘样式的手提包也很有人气，还曾被制作成带窟窿的迷你组合图案样式。前不久，好莱坞明星林赛·罗韩曾提到过这种白色的包，所以一度成为人们关注的焦点，但还是没有获得经典的印有LV组合图案的手提包那样高的人气。或许经典造型从诞生的那一天起，就广受人们的欢迎了，而持续旺盛的人气也证明了这一点。

很久之前，妈妈每次拿着这个手提包的时候，我总会埋怨个不停：“别再拿这个手提包了，看着就跟收日结工资的大妈一样。”但是，去年圣诞节的时候，我却预订了一个相同款式、相同尺寸的手提包，当做礼物送给了妈妈。在预订那个包的时候，我的嘴边露出了一抹笑容，我似乎能想象到，当妈妈收到这份礼物时，她的脸上一定会流露出甜蜜的笑容。

让手提包更醒目的方法

帅气地晒一晒

新买的手提包，手把和装饰皮可能会因为太亮而显得不自然。这时，可以轻轻地涂抹上一层橄榄油，然后晒在阳光容易照射进来的地方。手把被晒成好看的棕色，会给人高级、复古的感觉。用得越久，手把上的颜色会变得越深，甚至是手上也会粘上颜色。这就是手提包的魅力。

不要拉紧拉锁

如果把拉锁拉得过紧，不仅不方便拉开，还会显得特别古板。而轻轻开启的拉锁，则会给人自然、自信，且干练的感觉。

休闲搭配

虽然这种款式适用于正装或是浪漫风格，但被晒过的复古手提包要搭配休闲的风格才更有味道。最大尺寸的手提包搭配牛仔裤和宽松的针织开身毛衣，可以享受既经典又休闲的混搭风格。

戴**珍珠项链**的她

香奈儿的斜纹软呢夹克有一个固定的搭配，相信有眼光的你应该早就猜出来了。没错，那就是珍珠项链。一提起珍珠项链，大家浮现在脑海中的可能就是泛着银色光芒的象牙色珍珠项链，但是珍珠项链并不仅仅只有这一种颜色，还有灰色的珍珠项链以及多条珍珠项链。与香奈儿的斜纹软呢夹克搭配的珍珠项链，会给人带来经典、优雅的感觉。如果让大家选出可以与伊丽莎白

2007，伦敦

二世王冠上的大钻石或是红宝石媲美的首饰，大家可能都会选奢华的珍珠。但是，如果只认为珍珠是优雅、经典的象征，那就说明你对珍珠还不够了解。

“珍珠”的英语单词是pearl，发出这个音时，因为魅惑性的语感太过柔美，会让人觉得想亲吻。上下嘴唇一贴合，轻轻吐出嘴里的空气，轻绕舌尖，就是“嘍儿”的音。如果像电影镜头那样，对嘴唇做个特写，你就能立即联想到妖艳、有肉感的女性的红嘴唇了。稍微有点厚度的嘴唇间含一颗珍珠，那就不仅仅是性感了，简直可以说是致命的诱惑！

珍珠就是这样，是一种带有两面性的珠宝，是藏在端庄女人内心深处的官能性诱惑。我也有像珍珠一样的朋友，优雅、知性、古典，而又不失性感的女人。非常喜欢珍珠的她，对我来说，就像珍珠般珍贵的朋友。她就是《造型之书》的作者，时尚设计师徐恩英。

在做造型时，她总喜欢选择珍珠。她对珍珠宠爱有加，仿佛珍珠就是她的幸运石一样。有时会在典雅的连衣裙上搭配小的珍珠耳环；有时戴着长长的珍珠项链，与牛仔裤搭配在一起。她就是这样成长并工作着的，好像脑海中记录着所有场合的各种造型一样。我觉得，成为她的朋友真是一件开心的事。

可能她原本就不该成为一名女演员。如果她扮演《深蓝色的夜晚》中的张美姬，或是《时尚女魔头》中梅丽尔·斯特里普一样的角色，或许现在的她……这剩下的想象就交给大家吧。可以说她是时代还未发现的女演员吧。我也经常怂恿她当一名演员，她披着一头乌黑的长发，端庄坐立，可以看出李英爱的优雅。对于即将迈进不惑之年的我们来说，这可能只是有趣的想象，但她真的是个珍珠般的女人。

她不仅拥有珍珠的优雅和端庄，而且还具备珍珠的性感，是能让人充分感受到珍珠特殊美的人。但是，天然的珍珠是非常昂贵的。不知道大家是否了解，香奈儿的珍珠饰品也是用赝品珍珠做的，但因为工艺非常精美，如果不是宝石专家，很难分辨其真假。如果只把珍珠当成饰品而不是宝石，赝品又有什么关系呢？

现在这个时代，古典和潮流已经融为一体。珍珠的端庄遇上有趣的装饰，两者结合便获得了新生。骸骨和珍珠的相遇，变成了珍珠项链；熊娃娃和蝴蝶结挂在珍珠项链上，就成了新款项链。但是，珍珠拥有的那份高雅始终都没有褪色，在我看来，珍珠真是让人惊叹的魅力单品。

除此之外，珍珠让婚礼上的女王——新娘，散发出纯粹、圣洁的灵魂之光。它是最符合新娘纯洁、高贵形象的宝石。衷心期待那颗高贵的珍珠轻轻落在我朋友徐恩英头上的那一刻……

珍珠的多样变身

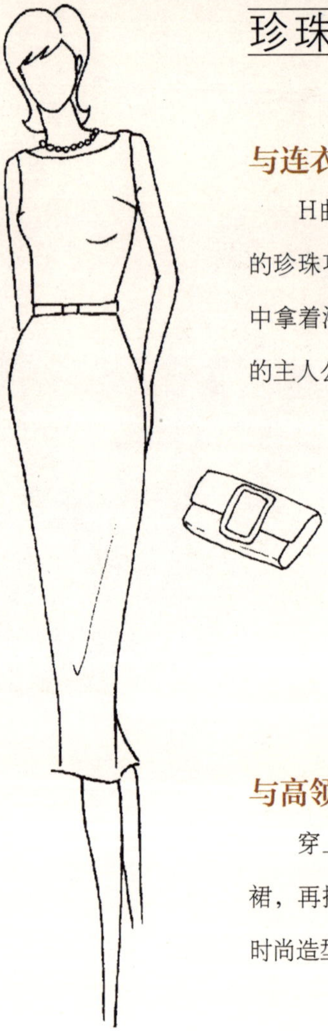

与连衣裙搭配，打造优雅的视觉效果

H曲线的一字领黑色连衣裙，搭配与颈围相配的珍珠项链，会给人以高贵、典雅的感觉。如果手中拿着漆皮或是鳄鱼皮的手拿包，应该就和电影中的主人公一样可爱了吧。

与高领衣服搭配，打造休闲的视觉效果

穿上合身的灰色或黑色高领衣服和褪色的牛仔裙，再搭配长长的珍珠项链。珍珠项链会给休闲的时尚造型注入鲜活的生命力，带来意外的惊喜。

与衬衫搭配，打造时髦的视觉效果

解开浅色的宽松衬衫的两三颗扣子，搭配时髦的黑色毛料裤子或是铅笔裙，手里挎着大大的手提包或是公文包，戴上给人知性感觉的牛角眼镜，把袖子轻轻挽一挽。系上黑皮带或戴着不锈钢表，在衬衫里隐约透出来的珍珠项链的光泽，把你打造成一个地道的纽约客。

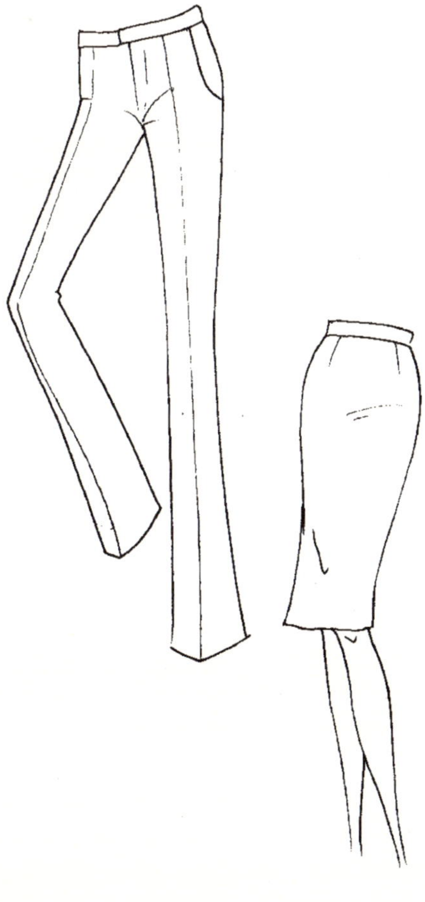

与开身毛衣搭配，打造自然的视觉效果

在深色衬衫外穿上自然的开身毛衣，用雪纺绸裙打造出舒适的风格。在稍微盘起的秀发下露出珍珠耳环，不仅给人俏皮可爱的感觉，而且让你无论在何时何地都能成为万众瞩目的焦点。

潇洒、干练、时尚的选择

在《In Style》的海报拍摄现场，彩妆师朴太轮、发型师金正翰和我聚在了一起。我们选取了时尚情侣最喜欢的三个单词。这三个单词没有轻重优劣之分，所以共同登上第一名的宝座。这三个单词分别是Chic、Edge、Stylish。

“意思就是说看起来比较干练、潇洒，整体上又很时尚的造型。这句话是时装编辑对发型师、美甲师、造型师说明的主题，也是摄影师爱使用的单词。总之，是从事和时尚相关联的工作的人士宠爱的单词。”

“Chic”在词典里的解释有两种，一是表示干练、优雅，二是表示流行。“Edge”是表示边、棱、边缘的名词，“Stylish”是表示帅气、有型等的形容词。chic和stylish用于时尚用语还可以接受，可是有棱角到底是什么意思呢？这句话应该是指，在平凡的造型上加入个性的时尚元素的意思吧。

完美组合在一起的着装，再搭配适宜的包和饰品，才能算得上是成功的时尚造型。虽然整体时尚感和相关的搭配技巧，与人的天赋有关，但一般情况下，人的天生的感觉不会产生太大的影响。我认为，影响更大的是我们小时候接触的周边环境和教育。下面给大家介绍潇洒、干练、时尚的她。

记得我小时候，大人们看见长得漂亮的女孩子，总会说“你长大之后当韩国小姐吧”。这就跟让个高的人当篮球选手，让能说会道的人当律师是一个道理。所有女孩子都理所当然地认为，世界上最漂亮的女人就是韩国小姐，自己的内心深处也对韩国小姐满怀憧憬。所以，韩国小姐选拔大赛就成了让全体国民狂热的重要大事，万人空巷，几乎所有人都到电视机前来收看大赛实况。

©Marie Claire Korea, Oh Joong-suk

在韩国小姐选拔大赛上只剩下最后两名选手时，不仅是当事人，就连电视机前的观众也被紧张的气氛笼罩着，甚至不敢大声出气。主持人问两名选手："你们希望谁成为韩国小姐？"对于这个提问，十之八九的人都会这样回答："我今天能够走到这里，已经很不容易了，谢谢大家一直以来对我的关心。"但是，面对这个提问，金莎郎首次回答道："我希望我成为冠军。"从这个答案中，我们就可以看出她满满的自信和毫不做作的率直。

她喜欢单纯而又简单的造型，但在拍时尚海报时，也会戴上华丽、夸张的饰品；出席正式场合时，也会穿上华丽的鞋子。在任何人的眼里，她几乎可以算是韩国的代言人，总是贴着华丽、干练的标签。她也喜欢薇薇恩·韦斯特伍德立体剪裁的束腹短上衣，能完美地呈现出华丽感的迪奥连衣裙。但是，她选择的饰品却是简洁、有个性、有品质的小饰物。

通常情况下，她选择的饰品都是胸前闪耀的小吊坠项链、简单的手链、镶嵌着豆子一样大的宝石戒指等。很多女人误以为华丽的着装，加上配套的耳环和项链、手链、戒指的贵妇人造型就是时尚。但是，昂贵的钻石戒指不应在华丽的衣服图案前失去光泽，进口大牌的耳坠也不应被朋克的发型所遮挡。虽然华丽的饰品也很美丽，但往往在简洁之中才更能突显它的美丽。

从这个意义上来说，连名字也很可爱的金莎郎，是了解什么衣服要搭配什么饰品才能让衣服突显价值、拥有出色时尚感觉的时尚达人。她今天外出时可能也戴着小小的十字吊坠，但小饰品并不显得低调，不仅给她增添时尚感觉，还让她看起来更加耀眼。而她也将通过那些饰品，来诠释什么是耀眼的明星。

饰品搭配技巧

项链

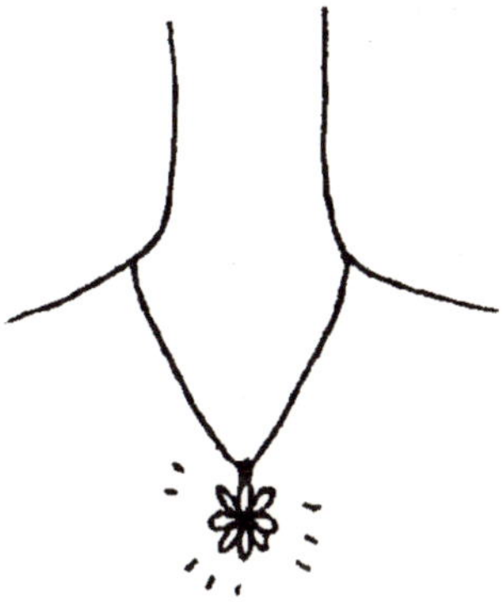

可爱的吊坠设计是个突出的亮点，会让你的脖子顿时变得耀眼起来。单购吊坠之后，把两个吊坠重叠起来搭配也非常漂亮。这时，要注意项链的长度。如果脖子不怎么粗，一般选择35厘米的就可以了。如果脖子比较粗，就要选择40厘米长的项链绳，避免给人臃肿的感觉。

手镯

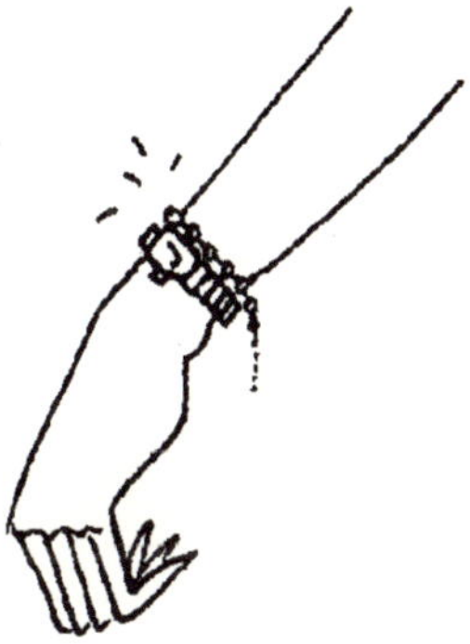

戴着镶嵌着小宝石的细手链或是链形手镯时，再配上金属手表，也会给人时尚的感觉。一般都是黄金和黄金搭配，白金和白金搭配，但有时候黄金和白金一起搭配，也会显得很漂亮。不过，需要注意的是，黄金和白金一起搭配时，必须要选择14K或是18K的黄金。

耳环

镶嵌着小钻石的耳坠，几乎适合任何造型。黄金材质的小圆圈形耳环不仅和休闲、浪漫的着装很相配，款式简单的耳坠还可以和可爱的着装搭配。

戒指

款式简单的戒指戴在修长的手指上，会显得人很有气质。一个素环上镶嵌着小宝石的卡地亚戒指，会让你看起来更有品位。

徜徉于香榭丽舍大街上，别忘了贝雷帽

正对着凯旋门，街道两侧拥有林立的树木，宽阔的街道上坐落着路易·威登的大卖场、飘荡着丝芙兰香气的店铺和卖好吃的红蛤料理的餐厅，这就是香榭丽舍大街。如果说美国的代表食物是牛排，那么法国的代表食物就是红蛤料理。法国是一个很特殊的国家，就如同它的代表食物一样特殊。巴黎可以算是法国的代表，而香榭丽舍大街只能算是代表巴黎的地方之一。

中学时期，苏菲·玛索是代表法国的万众情人。她曾在香榭丽舍大街前拍摄了名为“香榭丽舍”的香水广告。我也曾在学校门口的文具店里，买过印有苏菲·玛索照片的贴纸贴在墙上。那时候，我经常会和几个好朋友在一起，就菲比·凯茨更漂亮还是波姬·小丝更漂亮这个问题，争得面红耳赤。现在的孩子，恐怕是在争论Wonder girs更漂亮还是少女时代更漂亮了。

有一个和我关系好的女演员法语说得非常好。每次一提起法语，我就会想起她，联想到她自由的灵魂。她就是尹真书。她个子不算太高，拥有白皙的脸庞，从骨子里散发着一股女人特有的魅力。看到她时，我就不由自主地觉得这才是真正的演员。我第一次看见她时，是在电影《我人生中最美好的一周》的拍摄现场。我虽然不怎么爱记演员的名字，但因为她在《老男孩》中的出色表演，我一下子就记住了她的名字。这就是我和她缘分的开始。

我们一起悠闲地喝着红酒，不断地倾听、诉说。不知道为什么，和她聊天就从来没有过厌倦的时候。从电影到音乐，再到恋爱史，不知不觉时间就过了很久。我曾想过，她分明就是一个时间小偷，不仅偷走了我的时间，还偷走了观众的时间。因为看她演的电影时，时间就会在不经意间悄悄溜走。

她每拍摄完一部作品，都会去旅游。周游世界各地，边看边听，边学习边感受，可能这就是她的唯一乐趣吧。我常常对她说，和她最相配的地方是法国巴黎。并不是因为巴黎是时尚之都，也不是因为它是有历史和传统的城市，而是因为我觉得她和巴黎这座城市都透着一种自由的灵魂。

我曾听过“自由的灵魂不是永远的”这句话。但是，对于我来说，自由的灵魂却是永远的。我被拘束得太多，但她却依然拥有自由的灵魂。法国的自由艺术家都喜欢戴贝雷帽。有时我会想，贝雷帽会不会是一种防止自己的灵魂飞走的保护道具呢？所以，贝雷帽才成为代表法式时尚的经典单品？我曾对她做过一期人物专访，我们分享彼此的想法，聊了聊关于电影和人生的话题。可能是偶然，那天她正好戴了一顶贝雷帽。针织贝雷帽让她从电影演员尹真书变身为艺术人尹真书，而现实中的她就是闪烁着艺术灵魂的尹真书。坦率地说，不是所有人都适合戴贝雷帽。鹅蛋脸或是圆脸很适合戴贝雷帽，而方形脸的人就不适合戴。

戴贝雷帽时还有个技巧，要往后戴，露出一点头发，这样才能使贝雷帽的造型显得更加完美。比起梳得一丝不苟的头发，在稍微凌乱的头上戴贝雷帽会更相配，这是体现自由灵魂的典型款式。

演员尹真书也在出演电视剧。她在电视剧《一枝梅归来》中饰演一枝梅所爱的女人，一人饰两角。一个是安静、乖巧，另一个是活泼、自由。希望她能穿梭在历史剧和现代剧之间，演出真正的自己。这部电视剧拍完之后，她还会去旅行。戴着针织贝雷帽，漫步在巴黎香榭丽舍大街上的她，嘴角上一定会泛着淡淡的笑容吧。

用贝雷帽打造法式时尚造型

休闲地表现出法式时尚

休闲的代表款式就是在牛仔裤上搭配V领T恤。外面搭配一件宽松的长款开身毛衣，背上皮包，脖子上围一条羊绒围巾，再戴上画龙点睛的针织贝雷帽，电影中休闲的法式时尚就会立刻呈现在眼前。

波西米亚风格的法式时尚

长至脚踝的长款棉裙，搭配宽松、民族风的长款针织上衣。手里挎着一个手工针织包，手臂上戴着民族风格的手链和手镯。针脚稀疏有致的针织贝雷帽可以帮你实现波西米亚风格的法式时尚。

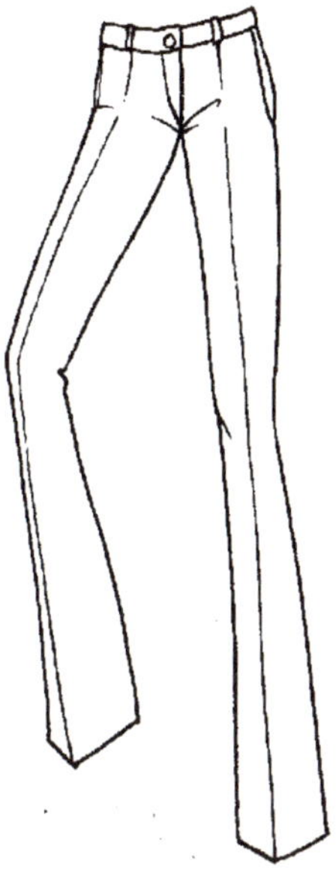

用成熟风格表现出的法式风尚

选择细长的羊毛制成的黑色裤子与白色的上衣。金属材质的简约风格手表以及手镯与挽起的袖子相映衬。上身可以穿黑色的V字领毛衣，用黑色的毛毡贝雷帽作为配饰。以前人们经常会用皮革制的大包来搭配。

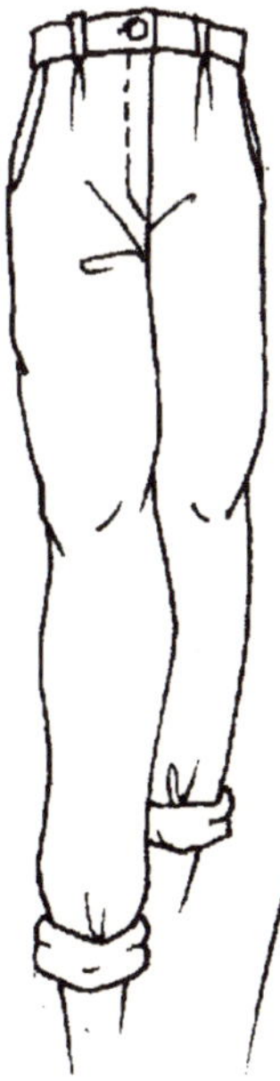

以浪漫可爱风格表现出的法式风尚

看上去很慵懒的侦探裤，把裤脚挽起来，显得短一些。上身可以穿可爱的小衬衫，配上一双Repetto牌的芭蕾舞鞋。把有花样图案的小方巾系在脖子上，头戴清爽围边的贝雷帽，会显得更加可爱。

某位女演员的礼帽故事

“室长你好！”听到略带鼻音的清澈嗓音，正坐在电脑前的我就像是吃了块薄荷糖一样，心里凉爽甜滋滋的。伴随着高跟鞋“咯噔咯噔”叩击地面的声音，她向我走了过来，身材显得非常修长苗条。我一眼就看出来她穿的是迈克·柯尔（Micheal Kors）的细跟绑带高跟鞋，光是鞋跟就足有12厘米高。尽管她看上去身高足有180厘米左右，但是首先要减去高跟鞋的12厘米，并且，再减去戴在她头上的礼帽的高度，她的身高可就真的令人捉摸不透了。

娇小白嫩的脸蛋，还有像夹心糖果一样的又圆又大的眼睛，这已经成为了在这个社会中人们判断一个女性漂亮与否的标准。如果按照这个观点来看，她无疑是符合美女标准的。但是她果然只是如人们所说的那样，除了外表之外一无是处吗？她曾在演员秋相美的婚礼上为表示祝贺而演唱歌曲，可见她的演唱实力也是值得赞许的。我后来才知道，她作为歌手已经发行了第二张专辑。这虽然不足以让我那么惊讶……

演员姜成妍的一曲“Fly Me to the Moon（带我去月球）”可以让人们重新审视她。因为我个人对秋相美小姐并不是很熟悉，所以没能在那场结婚典礼上亲自听到这首歌。后来我在网上看到了那段演唱的视频，才觉得“嗯，就是这样”，边听边会心而笑。

在她出演完那部具有代表意义的电影作品——著名的《王的男人》之后，我就开始一起跟她工作了。身为一名女艺人，如果对时尚毫不关心的话，那就不适合在演艺圈发展了。在成为女艺人之后，她们一年三百六十五天每天都要节制饮食，每天都要把自己打扮得光鲜亮丽，并且还要掌握管理自己形象的方法。因为她们要给广大观众送去美与欢乐。相信读者朋友们会问：所有的女演员为什么看上去都有自己的风格，而且又有型，一点儿都不雷同。她们之中也有穿名牌服装的，但是也有穿着看起来很廉价的衣服……

先来讲讲要点吧。姜小姐头戴礼帽，走了过来。很多人认为“时尚绝对不能趋同”，我也是其中一个。但是，我认为时尚是有着基本的原则的。如果能够遵守这些原则，显然会给自己加分，因为只有那样才会显得更自然。最好的时尚，是那种不会耀眼的自然之美。尽管佩戴着与周

2008，首尔

围气氛并不是十分符合的配饰，如果能够显得自然的话，那就可以算得上是最令人称道的时尚。

几个世纪以来人们积累了对于审美、对于服装搭配的诸多经验，我们自然会对这些原则有所了解。如果按照这些原则，礼帽其实是男士们的小物件。典型的男士搭配应该是这样的：精心剪裁的人字呢面料套装、棕色的精致皮鞋、圆框眼镜、放在马甲口袋里的怀表、领结与礼帽……虽然电影中经常会出现这样的形象，但是现实生活中也确实有不少能让人惊艳得不禁窒息的中年男士。我对于“性感”这个概念有一些不同的看法，但还是会觉得，比起那些把上衣脱掉然后扔在一边，露出结实肌肉的二十岁左右的青年男人们，这些含蓄雅致的中年男士会显得更加性感。

她头上就戴着这样一顶礼帽，这给我的第一眼印象非常不错，这样的装束十分合我的心意：黑色的高筒袜配灰色的羊毛衫，再加上亮灰色的杰克·百慕大裤子与黑色的系带上衣……而且再与刚才所提到的后跟足有12厘米高的细跟绑带高跟鞋（玛丽珍式高跟鞋）相搭配，还有特意把一边的帽檐放下来，给人一种不平衡感觉的那顶礼帽。她身上柔和的服装搭配令人如沐春风。这种时尚，让人有一种生气勃勃的感觉。看完了这个例子，我们现在就一起来仔细研究一下礼帽的重要性吧。

我们先来看看礼帽的外观。那种帽顶平滑，帽身呈一个圆柱形的礼帽，是马术师专用的帽子；另外也有一些帽顶是圆形或者半圆形的礼帽，像是萨尔瓦多·达利（西班牙超现实主义画家）的画作中看到撑着雨伞的男人戴着的帽子，或者像是意大利黑帮人手一顶的那种礼帽。虽然礼帽的种类并没有多得像海滩上的沙子一样难以统计，但算起来还是不少。这么多的礼帽，我们应该怎样挑选适合自己的那一款呢？

首先，我们要在帽檐的宽度以及帽顶的高度上多花一些心思。如果你有一张娇小可爱的鹅蛋脸，那么无论戴哪种礼帽都会很适合；但是假如您的颧骨比较突出，那还是要选择帽檐稍微宽一些的帽子为好，这样就不会使帽顶倾斜得太厉害，整体的形象就不会显得跟钻石一样，也可以遮掩自己形象上的某些瑕疵。如果你的脸显得略长的话，帽顶可以适当地高一些，这样可以避免使自己的脸看起来更长，能让整体的脸型变得协调，并且选择一个温和的棕色系对你来说是再适合不过了。

佩戴礼帽的方法不同，所呈现出来的形象看起来也会大不一样。如果把前额露在外面，把帽子盖在后脑勺部分，给人的感觉就会更加女性化，也会显得更加可爱。如果把帽檐往前压低，一直低到让人看不到眼睛，就会产生一种阴郁的神秘感。如果想出格一些的话，就可以只把一侧的眼睛稍稍露出一点儿，如果这样戴礼帽，无论是男性还是女性，都会自然地表现出性感的一面。

如果各位读者也想成为时尚达人，那么就必须要具备对于时尚的敏感触觉。一身看似平淡的服装搭配，若是加上一顶比较有特点的礼帽，又会呈现出什么样的效果呢？我必须再次诚恳地劝说大家：读者朋友们在自己的购物清单上多加上一顶礼帽，也不会给自己的经济造成多大的负担。并且，礼帽也绝对不是像电影《将军的儿子》（韩国电影）里的演员朴相民那样的男人才能戴的帽子。如果想找件别人还没有使用过的配饰，那当然非礼帽莫属。我感谢让我眼前一亮的姜成妍小姐，但是此时在我的内心深处里，因她的魅力而产生的紧张感恐怕占得会更多一点。

不会令初学者感觉太奇怪的礼帽搭配方法

古典风格

米黄色的系带风衣搭配驼色或棕色礼帽，以这样的一身装扮，拎着包直接坐飞机去意大利都不会有什么问题。因为这种搭配实在是太有型了。

随意风格

看似只是铅笔裤与长靴的平凡搭配。但是，如果身穿给人以开放感的长外套，再戴上一顶圆顶礼帽的话，您可能会比身材标致的女演员更加有型。这是一款给男人们带来新鲜的冲击感，使女人们艳羡不已的搭配。

优雅风格

身穿女人味十足的黑色迷你裙，加上黑色的丝袜与鞋子，这些是无论谁都会穿的日常服装。在此基础上戴上一顶黑色的礼帽，魅力就变得势不可挡了。

“维多利亚的秘密”的私房故事

75A，80A，85B……女人们看到这些数字时会意味深长地微笑，而男人们呢？我一边这么说着，一边就开始点头。这个数字与字母的组合，就是使女性的胸部曲线变得性感十足的文胸的尺寸。虽然，这个尺寸会依据国家的不同而有所差别，但是大部分国家的尺寸都是从A罩杯开始算起的。

为了能拥有完美的胸部曲线，女人们从自己的内衣开始，就极尽奢华之能事。比如光是胸垫就有5厘米的适合丰满体型的文胸，还有那种看上去并不明显的隐形文胸（nubra），以及若隐若现地展现女性魅力的蕾丝文胸等等，文胸的种类有很多种。你现在当然穿着文胸之类的内衣吧！或者，也有可能是因为没什么人看所以就正在“春光乍泄”呢？这样子可是不行的哦。

虽然穿着薄薄的塑身内衣，但是里面的蕾丝文胸看起来却是凹凸不平；或者外衣穿得比较低，甚至都能看到背后文胸的黑色挂扣……这些意味着什么呢？答案就是“绝对不行”。先不论能不能让人看到自己的文胸，就算为了自己的风格，文胸也应该是一件重要的基本配饰。

在这里，我们先来测试一下您的时尚指数吧。“‘维多利亚的秘密(Victoria’s Secret)’是什么？”如果您对时尚界有哪怕一丁点儿关心，就会轻松回答出来，这是一个国际知名的美国内衣品牌。但是，这个品牌的名字就很令人疑惑。其实，它的意思无非是：“维多利亚”是一个虚拟的女性形象，而她最具诱惑的秘密就在于她身上穿着的内衣。“维多利亚”这个名字本身就有种古典的意味，而且在古希腊神话中，这还是胜利女神的名字。胜利女神维多利亚迷人的秘密，就是女性的头等时尚必备品——内衣。

“维多利亚的秘密”在年末举办的时装秀，用“梦幻”二字来形容，那是再合适不过了。因为参与走秀的模特儿大多是全世界身材最窈窕性感的名模，她们让这场时装秀变得更加星光璀璨。而且，这场秀还以自己独特的理念——比如“天使与恶魔”这样的主题来把不同的女士内衣展现在世人面前，给人营造一种迷幻且富有神秘色彩的气氛。此外，主办方还会请最优秀的音乐家来给秀场演奏开场音乐，这也为舞台增色了不少。实际上，就连那些知名模特儿们，也会对内衣走秀心存顾忌。在韩国的一些电视购物节目中，就算是再著名的女士内衣广告，在播出时也不会让一线名模来展示这些内衣。或许是因为内衣会最大限度地将自己的身材展示在众人面前，与女性的传统观念产生了冲突的缘故吧。

但是，唯独“维多利亚的秘密”这场时装秀，才是顶尖模特的梦想舞台。然而，“维多利亚的秘密”品牌内衣却并不像别的名牌服饰那样价格高昂得让普通人望而却步，也不会走奢侈品的路线。该品牌的内衣对于多数人来说都是可以接受的。在我看来，“维多利亚的秘密”之所以能得到普通消费者和顶级模特的共同青睐，恐怕是因为其品牌本身所具有的超高知名度，而且该品牌在创立以来，一直没有丧失其产品文化的精髓——神秘感。作为一个内衣品牌，能够把名字中的神秘感与广告中所表现出的高贵感结合在一起，它足以能够确立自己的地位。

到了当今这个时代，以前一直在外衣里若隐若现的女士文胸，已经自作主张地开始呐喊：“我在这里！”而且有一种被叫做“内衣外穿”的穿衣风格，正大胆地向全世界展示着女性的性感与妖娆。许多知名服装品牌都在不断地尝试着设计这种风格的服装。比如D&G的蕾丝内衣，就是一款精心设计的用绸缎做成的紧身连衣裙，还有薇薇安·韦斯特伍德设计的服装，以及由迪奥的设计师设计的，看上去像是玛丽·安托瓦内特（Marie Antoinette，1755～1793，原奥地利帝国公主，被称为“绝代艳后”）的服装那样优雅华贵的内衣款式。这些品牌的设计师们都在努力实践着这样的风格。甚至被称为“前卫代名词”的设计师马丁·马吉拉（Martin Margiela），也设计出了一款在肉色的上衣外面印着一只黑色文胸的服装，看起来像是只穿着文胸一样，可谓匠心独具。

其实我还是更喜欢过去那种不露声色、若隐若现的性感。虽然身体上的裸露会展现出女性的妖娆体态，不过这样的装扮也是利弊相伴的，在一眼即看到的性感外壳下，原本的神秘色彩几乎变得荡然无存。演员沈银河之所以性感，就是因为她看上去并不是那么裸露。而且，那种隐藏在端庄优雅后面的神秘美人的感觉，才更能撩拨男士们的心弦，难道不是吗？

正确测量文胸尺寸的方法

正确测定下胸围和上胸围的方法

测量上胸围时，应该把胸部托在手中，并向上举。这个时候会需要别人的帮助。而在测量下胸围时，应当用双手将上腹部的脂肪聚拢起来，朝胸口方向轻推，然后再测定。如果能够合理地用外力处理一下这个地方的脂肪，胸部的曲线看起来就会更漂亮，而这正是测量文胸的尺寸时至关重要的一点。测量完下胸围的尺寸后，就可以决定75、80、85这样的尺寸，而罩杯的大小则是根据上胸围和下胸围之间相差的数据来决定的。

测定之后的尺寸

下胸围的尺寸：

72.5以上77.5厘米以下时是 75

77.5以上82.5厘米以下时是 80

82.5以上87.5厘米以下时是 85

87.5以上92.5厘米以下时是 90

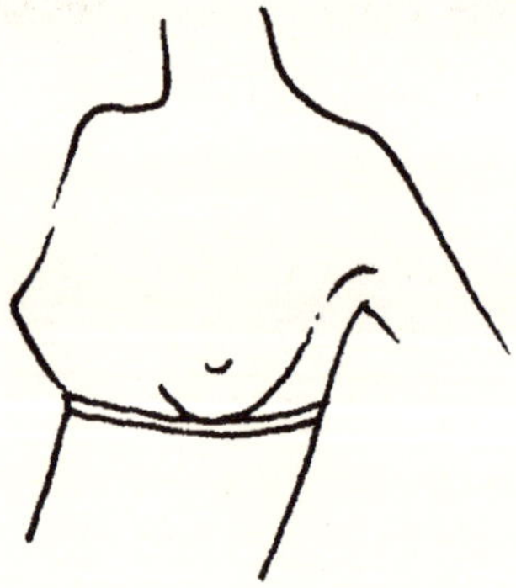

下胸围

罩杯尺寸

由上胸围与下胸围之间的差值来决定。

上胸围与下胸围之间的差值为：

7.5以上10厘米以下时是 A杯

10以上12.5厘米以下时是 B杯

12.5以上15厘米以下时是 C杯

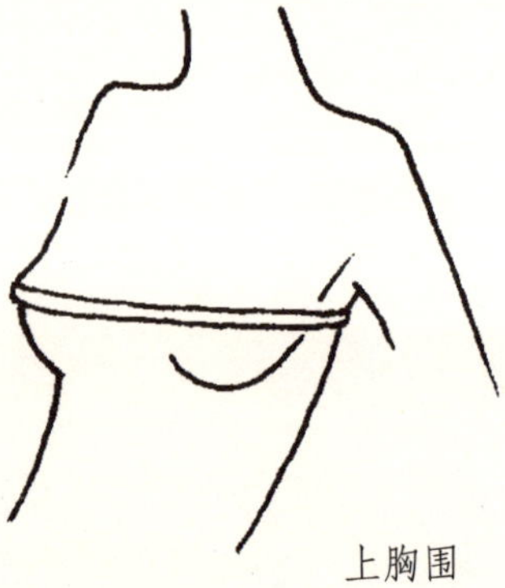

上胸围

模仿艺人的游戏以及赚取眼光的美学

经常出没在各大时尚品牌发布会的艺人们，他们的形象总能备受人们的关注。但就算艺人们本身的外表再漂亮，也同样需要行家们亲手为他们打造不同的发型和妆容，以及服饰搭配。可以说艺人们就是凭着这三板斧才可以闯天下的。

但是，那些进入发布会现场的艺人们，身上都会有某种共同点，那就是他们戴着的太阳镜。一些女艺人经常会戴着那种大到可以把自己的脸整个都盖住的迈克·柯尔（Micheal Kors）或者塞琳（Celine）等品牌的太阳镜；而男艺人们则会经常戴着复古款的雷朋（Rayban）黑色牛角太阳镜，或者被称为“飞行员太阳镜（aviator sunglasses）”的波音（bowing）牌太阳镜来出席各种发布会。

太阳镜的基本作用本来是阻挡阳光中的紫外线，起到保护视力的作用。一般说来，有着棕色或者绿色眼珠的西方人比起有深色眼珠的东方人会更加难以抵御紫外线的侵袭。所以，太阳镜应运而生。

最近，太阳镜除了发挥它的基本功能外，又多了一项新的作用，那就是可以作为时尚配饰来使用。各种不同的太阳镜不仅配有色彩各异的镜片，还采用了各种高端设计与先进的素材，就连镜框这种细节部位，都可以有许多种不同的设计方式。可以说，太阳镜已经发展成为了一种打造独一无二气质的时尚配饰。

因为艺人们也经常会出入大众场合，所以为了避免自己被人们认出来，当他们去购物时，或者出门与朋友见面时，都会戴着帽子，戴着大大的太阳镜。顺着这个思路去看，艺人们看似是要为了遮挡住自己的脸部，避开人们的视线才要去戴太阳镜的，但事实并非如此。与其说太阳镜是为了把艺人们的脸遮住，还不如说艺人们是在用太阳镜赚取大众的目光。

想象一下，在你面前，一位拥有优美线条的女性，或是一位身材完美的男性正在朝你走来。他们光是身体条件就足以使人羡慕，再加上他们脸上那副能遮住一半脸的大太阳镜，比起什么都不戴的那些人，这分明可以吸引人们更多的目光。所以，我们也经常会对那些戴着黑色大太阳镜的朋友们开玩笑说："难道你以为自己是大牌明星啊！"

我一贯的信条是"如果想模仿艺人的话，就去模仿吧"。但是，艺人们之所以为艺人，首先拥有的就是言行一致的那种光明磊落的自信。这种自信，是打造属于自己的风格时最重要的一个条件。可能对此你会有一些质疑，就算身为艺人，他们可能也会对自己的外表或者身材觉得不满意。是这样吗？答案是否定的。所有艺人之中，有这种想法的艺人估计用十根手指就能数得出来。很多艺人虽然觉得自己身上存在某种缺憾，或者心理上有一些情结，但是，即便如此，他们仍然要将自己最美好的一面展示给众人，给大众带来一种自信。所以，无论是谁，都不会把这些负面情绪当成自己的某种情结，并因此自卑。因此，我也希望各位读者能够正当地克服掉这种自卑情结。

我每到星期天的时候就会准时到教堂做礼拜，而我平时常去的教堂就位于狎鸥亭洞（韩国著名时尚中心）。由于其地点的特殊性，不少艺人平时也会经常去那里做礼拜。在礼拜结束之后，我站在人行横道上等红绿灯，这时看看周围，就会发现不少戴着太阳镜的人，在人群中，他们的气质显得很出众。这时我也看到了著名的化妆师李敬敏院长，她同样戴着一副大太阳镜，走过来向我打招呼，还跟我拥抱。

李院长是那些在台上星光闪耀的名人们的化妆师。她长着一张可爱的圆脸，身材柔弱纤细。就是在这看似孱弱的身体中，隐含着她在事业上的卓绝能力。此外，她还拥有自己的时尚彩妆品牌——"VIDI VICI by 李敬敏"，可谓在多方面都发挥着自己的才能。正是她的专业水平，才令她有了今天这样的成就。在众人面前，她一直表现得很积极很阳光，所以无论在什么地方都不会被人忽视。连李院长这样的人都喜欢用太阳镜，因此，太阳镜作为一种配饰，既表现出自己自信阳光的一面，又能吸引别人的目光，不失为一件优秀的时尚配饰。I Love Style

符合自己脸形的太阳镜

适合四方脸佩戴的太阳镜

如果自己的脸形看起来并不柔和圆润，而是有些憨厚的四方脸，就应该选择能够淡化这种方形棱角的镜框，选择一款两边稍微上翘的太阳镜，相信是最适合不过的了。参考索菲亚·罗兰平时的风格也会有些帮助，因为她的脸形就是比较典型的四方脸，看起来是不是有一种坚韧的感觉呢?

适合冷峻的倒三角脸形佩戴的太阳镜

如果自己的脸像小猫一样面带凶色，那就应该避免使别人的视线停留在自己的额头上，并且要注意太阳镜与脸形的搭配。整体比较圆的眼镜，大小就刚好合适。比如以莎朗·斯通佩戴的太阳镜为代表的迈克·柯尔的复古风墨镜。

适合看上去很舒服的圆脸佩戴的太阳镜

令人意外的是，圆脸和鹅蛋脸都很适合佩戴眼镜。因为那样看起来会显得更加有亲和力。所以，像是奥黛丽·赫本与杰克·尼克尔森等影坛巨星经常会佩戴的雷朋牌古典太阳镜，或者上面附有华丽水晶装饰的款式，都会让人有一种很舒服的感觉。

适合脸形稍长者佩戴的太阳镜

对于脸比较长的人们来说，能够让他人的视线往两边分散的太阳镜会比较好。因此，可以选择雷朋牌的飞行员眼镜，它外表的颜色像螳螂一样，可以把人们的注意力转移到眼镜本身。并且，镜框的形状是大小适中的椭圆形，周围的装饰也可以改善脸部轮廓的瑕疵。

A MOVE
MENT UN
DER GROUN

散发古典气息的**劳力士男表**，撼动女人心

从古到今，雄性动物总是比雌性动物有着更多华丽的装饰，不过，我们人类是恰恰相反的。那些细致华丽的小饰品，基本上是女性的专属，男士们至多也就只能用手表、袖扣或者领带夹之类的物件来做一些简单的装扮。不过在古代，男性的怀表也是一种饰品。我们经常会在中世纪风格的电影中看到男主人公从马甲的口袋中拿出怀表，斜着眼睛看时间的场景。这样的怀表总会给人一种难以接近的危险感。被公认为世界上最杰出名表品牌之一的劳力士（Rolex），就是在那个时代开发出了手表，至今已经有十分久远的历史了。劳力士手表也成为了男人们梦想的奢侈品清单中一件必不可少的物品。

从那之后，手表行业就以细胞分裂一般的速度，突飞猛进地发展着，所采用的原料和外观设计也有了很多不同的种类。比如，在表的外壳上装饰一些诸如钻石之类的昂贵宝石，除了手表的基本功能之外，它还可以展现出一个人的财富与权威。而且，作为一件时尚配饰，手表也总是能够引领一次次的时尚新潮流。每年在瑞士巴塞尔举办的钟表博览会上，展出的那些名贵手表都会通过大买家流向世界各地。

在电影《007之皇家赌场》中有这样一个场景：詹姆斯·邦德开着车与邦女郎面对面交谈着。邦女郎看着他的手腕问道："劳力士？"而邦德回答道："欧米茄。"通过他们这段对话，我们可以感觉到，邦德手腕上环绕着的手表并非只是一个单纯显示时间的工具。男人的手表并非多余，而是能够展示自己个性的一种方式。不过，如果穿着一套整齐西装的商人却戴着一只画有迪士尼卡通形象的孩子气的

手表，或者是身为大学生，手上却戴着一块金光闪闪的礼物手表的话，那可就显得不太搭调了。应当谨记，从来没有“失败的搭配（miss match）”，只有“混合的搭配（mix match）”。虽然这两句英语短语乍一听上去显得很相似，但是不同点在于，前者完全是时尚门外汉的举动，而后者却是那些潮流达人们的选择。

啰啰嗦嗦说了这么多，接下来的部分将要转入正题当中。我刚才提到了许多与男士手表有关的事情，之所以会说这些内容，其实是因为在当下，散发着古典气息的男士手表也开始受到女性们的关注，成为了一件能搭配很多服装和配件的时尚元素。一般情况下，同一款式古典风格手表都会有三个不同类型的尺寸，根据大小，可以分为男士手表、女士手表，以及中型尺寸的少年款（boy size）手表。大多数情况下，女性自然会购买稍小一些的女士手表，并把它简单地绕在手上，而如果购买比少年款尺寸更大的男士手表，戴在手上会显得过于宽松。但是，这种外表沉稳朴素，表盘较大的手表却更能显示出一种随性慵懒的风格。把这样的手表随意地戴在手腕上，如此所展现出的特质，是时尚界人士所推崇和赞许的。如果再搭配一只环形的金色手镯，就能兼顾色彩和形式的完美结合，假如让我对这种装扮评分的话，毋庸置疑绝对是满分。

我们也能经常看到一些人把收藏手表作为一项奢侈的爱好。精美的手表有着像艺术品一样的收藏价值，这一点是众人皆知的事实。所以，在世界上最著名的时尚中心——纽约的第五大道上，就有一家开在波道夫·古德曼(Bergdorf Goodman)百货商场里的专门经营古典风格手表的店面。这里不仅有劳力士，也有欧米茄（Omega）、爱马仕（Hermes）等其他一些国际知名品牌的手表。这些古典风格表都以其悠久的历史与深厚的传统而驰名于世，所以价格也是一般的新产品无法企及的。光是看看这些身价不凡的手表，内心就会很满足，但同时遗憾的感觉也会油然而生。不过，我们更应该把目光放长远一些，毕竟手表并不只有告知我们时间的这个基本功能，而是意味着更多的东西。Love Style

你应当深入了解的手表部件

表盘Dial

表盘上面一般都会有数字，并且在设计风格上各具匠心。现在很多款式的手表都会在表盘上镶嵌上等的珠宝和钻石，这些华贵宝石所闪耀的光芒，充分彰显其奢华的风范。比如柏莱士（Bell&Ross）手表的灰棕色中世纪古典风格的文字表盘，以及豪爵手表（Roger Dubuis）那种强调文字表盘的设计，都表现出了越来越趋向于多样化的表盘设计理念。

表针Hands

一般的钟表上都会有的时针（Hour Hand），分针（Minute Hand），秒针（Second Hand），共三根表针。

表圈Bezel

表圈指的是连接玻璃表罩和表壳的那一部分。表圈的形状左右着一块手表的基本设计。最近，除了圆形的表圈之外，表圈也有设计成四方形或者椭圆形的。

表壳Case

表壳指的是能够把表盘全部包起来的外壳部件。一般情况下，表壳与表圈相连接，构成手表的基本组成部分。制作表壳的材料除了钢铁之外，还有铂金、黄金、玫瑰金等等。

表钮Crown

也被叫做“龙头”，是调整手表的时间及日期的旋钮。在手动上弦的手表上，也需要通过旋转该旋钮来进行操作。

机芯 Movement

表的最核心部分，可以维持表的正常运行。机芯越是复杂精细，表的性能也就越好。

陷入香气的男人的故事

你正在使用香水吗？你喜欢的是哪种香型呢？你最喜欢的香水超过三瓶以上吗？在这三个问题面前，丝毫都不会产生迟疑或者是犹豫，而是会自然地点头回答，那么，就算你不是一个香水专家或香水发烧友，那也至少算是一个对香水很有研究的人了。虽然这个程度的问题并不是谁都能轻易回答的，但是结果也并不意外。

或许是自己所从事的职业的原因，我对香味有一种特殊的执著。但就像我并不注重服装的款式那样，我对香味的种类也并不是十分挑剔。但是大众对于好的香型的执著，这却是从古至今一直存在的，无论职业或地区，是所有人都拥有的一种共同追求。当然，我也只是刚刚好到达那个程度而已，比起满身臭汗的味道，我当然更喜欢青苹果的香气。

我曾经参加过香奈儿（Channel）的boutique（女士精品）香水的发布会。这不是在普通卖场中贩卖的香水，而是只向全世界的香奈儿女士精品店发售的香水。在发布会上，11款香水分别装在同样外表，同样色彩的容器中，但是却散发出完全迥异的气味。所以，这些香水也正在用自己独特的语言走进人们的生活。

比起话语，香味是另一种语言，更能正确地传达自己的真实感情。如果你正因与恋人分手而心情郁闷，这个时候，喷洒一些散发着春天的花朵般甜美气味的香水会对你的情绪带来良好的改观；而如果在海边闲适肃静的别墅里，就应当喷洒味道比较浓烈，像夜晚一样神秘的香水。如果时尚需要遵循“TPO（时间、地点、时间）”这个原则，香水更是需要完全遵守这个原则才能发挥其本身的魅力。

我也曾参加过阿玛尼的香水发布会。那天，我拿到的“Ile”香水，一直到不久前，都还在支配着我的感性。在拍摄时尚摄影时，有时模特们也会问我，我使用的香水是哪一款。令人惊讶的是，有不少模特居然跟我用相同的香水。大家起初可能都会认为，同样的香水喷到身上会散发出同样的香味，但其实并不是这样。我们应当注意到，香水在喷洒到一个人身上以后，还会与那个人的体味相融合。是我变了呢，还是我的兴趣爱好发生了转变？难道真的是因为自己岁月不饶人吗？过去十年间我身上散发出的香味已经发生了变化，这对于我来说是件大事，理由在于，我喜欢上了香草香型。

在欧洲居住的两年，我的住处就像是个猫窝一样狭小。就像喜欢香味一样喜欢香烟的我，把这间窗户跟房子大小差不多的陋室搞得像老狐狸的窝一样脏乱。如果朋友们前来做客，引起他们重视的并不是房子的大小，而是房子里散发出的香烟的气味。有一次，我的法国朋友送了我一件礼物，是一种名叫“非香烟（Anti–tobacco）”的香烟，它不是散发出烟草味道，而是散发出法国独有的薰衣草香味的烟草。现在我的房子里还飘荡着这种味道，在我身旁幽幽地环绕着，我的体味当然也在这期间随之发生了变化。

Diptyque是在法国某国立美术学院（Ecole des beaux–arts）修学的三个人在1961年共同创立的品牌。从1963年开始，这个牌子广为人们所熟知。但有些可惜的是，人们并不能轻易地买到这个牌子的产品。虽然他们也很希望自己创造出的那些令人惊讶的香味有朝一日可以众人皆知，不过他们还是不希望自己个人的气味混同其他人。

能让我安下心来的香味，并不是散发出甜香并拥有着可爱外形的蒂埃里·穆勒（Thierry Mugler）香水，或者所有女人梦想的散发出粉饼香气的香奈儿No°5，而是能让我仿佛躺在床上的来自大自然的香气，以及路边某家的庭院中正在盛开的玫瑰的香，又或者是某种不起眼的木棉花的清香。虽然那些奢华的知名香水充满了令人陶醉的气味，但与此不同的是，自然的香气能够让人感觉到一种久违的平静与闲适。对于每天都在抱怨生活疲惫不堪的我来说，这不失为一种抚慰。用乐队“Port of Notes”的一曲“（You’re）More than Paradise”来形容，真是再合适不过了。

我闭上眼睛，飞向云端。啊，这才叫做幸福。

不同场合的香水推荐

性感撩人的香型

香奈儿“No° 5”。玛丽莲·梦露把香奈儿No° 5叫做她的睡衣。香水的味道并不是水果或者花香，而是散发出女人们用的粉饼的香味，这种香味对于已婚的成熟女性来说是难以抵挡的，她们更无法抵挡的是那些闻香而来的像狼一样的男人们的接近……

浪漫少女的香型

兰蔻（Lancôme）的“奇迹（Miracle）”。能够感觉到隐隐的肥皂香与花香，适合当做礼物来送给刚认识不久的女朋友。

成熟魅力的香型

珍妮佛·洛佩兹（Jennifer Lopez）的“Glow by JLO”。味道就像是刚刚洗了淋浴出来之后那样充满清新与甜味。如果因为想变得像珍妮佛·洛佩兹那样性感，而选择这款香水的话，就是你的失败了。比起嗅觉上的欲望，这款香水所蕴含的是更加干净纯洁的感情。

甜美优雅的香型

蒂埃里·穆勒的“天使（Angel）”。其甜蜜的味道如糖果一样浓郁，充分地展现出女性的优雅与娇贵气质。因为香气浓郁并且持久，所以就算稍微喷上一点，效果也会很好。此款香水是法国市场上最具有人气的香水之一，足以成为“全世界最甜美的香水”。

中性气概的香型

古琦（Gucci）的“嫉妒（Envy）”。多样的花香系列与甜瓜香水相调和，营造出了一种中性的感觉。这样的香水能够让人的脑海中浮现出一个身着雪纺衬衣、黑色裤装、长发迎风飞扬，并且化着醉人烟熏妆的迷人女子。

Part Two for Beauty

第二部分

靓　妆

裸妆的女人们

美丽是每一个女人的权利，也是她们的义务。

——朴太轮

这个世界上没有丑女人，只有懒女人。

——雅诗·兰黛

“想要变漂亮的女人，即使长得不漂亮，在别人的眼中，她也会显得很漂亮。”这句话听起来有些矛盾，但却是事实。因为她们热爱、珍惜自己的生活，对待什么事都很热情，这些热情会给周边的人传达一种积极、明朗的气息，从而让人们的脸上充满幸福的微笑。例如，新娘在婚前会比任何时候都显得更加美丽动人，其中的原因也正在于此。为了等待这神圣一天的到来，细心保养自己的外在和心灵，在这段时间里，新娘会散发出无限美丽的能量。

尽管现在已经得到了很大改观，但不可否认的是，韩国依然存在“爱美的女人没有头脑”的成见。其实这种想法很落伍，也很荒唐。俗话说：早起的鸟儿有虫吃。想要爱美，就要早起，而早起自然也就会变得勤奋。另外，想要早起，就要早睡。总之，爱美的女人需要养成良好的生活习惯，做好自我管理的工作。正如我们在周边看到的那样，每天带着化完妆的漂亮脸蛋上班的人，和每天顶着鸟窝一样的头发、简单洗把脸就直接上班的人相比，有着截然不同的世界观。越是爱美的女人，越希望自己能够给别人留下好印象，因此总是会以积极的心态去看待这个世界。

失去“自我颜色”的女人们

小时候，我经常会看着妈妈化妆，而且每次都免不了在一旁对她指手画脚，提议这里要这么做，那里要那么做。现在回想起来，这一切似乎与我日后成为化妆师有着很密切的关系。

当时，我很迷恋科蒂（Coty）粉的味道，甚至是喜欢爱茉莉的水晶化妆瓶胜过玩具模型。化妆前，妈妈只不过是一位很普通的家庭主妇，化妆之后，她就是整个小区里最时髦的美女。然而，对于年幼的我来说，这无疑是一件神奇而又值得骄傲的事。直到现在，我有时也会小小地嫉妒一下女人拥有的化妆特权。

化妆的世界很神奇，它可以让细小的眼睛变得大大的，能让橘皮一样粗糙的皮肤变得像白玉一样滋润光滑。当你在精心为自己涂抹红色、黄色、绿色等缤纷色彩的时候，化妆台俨然就是一间小小的画室。此外，上面的各种化妆品散发出来的迷人香气，也会帮你驱走心中的忧虑，而别具匠心的化妆品容器，还能给你带来视觉上的享受，让你时刻沉浸在幸福的摇篮里。

然而，现在的很多女人不懂得享受这种快乐。若是放到从前，春天的时候，女人们的脸颊就应该像山野里的金达莱花一样染上可爱的红晕；到了夏天，女孩们都会涂上各种糖果色的口红。但是，一场荒唐的“素颜风潮”却一下子夺走了女人脸上的所有色彩。

恰逢秋日，女孩们应该用浓艳的巧克力色口红传达浪漫；冬天降临，她们又会用白色毛衣和玫瑰色的口红迎接圣诞夜的到来。可是，不知从何时开始，她们不再喜欢化妆，更害怕被别人看出化过妆的痕迹。甚至有时偶尔打上一点腮红，还要遭到同事或好友们的取笑，久而久之，自然就不愿意再化妆了。总之，无论是穿着，还是化妆，都要顾及周围人的感受，因此化妆反而不再让人身心愉悦，而成了招人厌烦的事情。

虽然化妆并不能让所有的女人都变得漂亮，但管理自己的行为本身就是美丽的。因此，化妆的意义远远超过你为了变漂亮而投入的时间和精力，以及金钱的价值。化妆是一种热爱自己的表现，是为自己的日常生活增添活力和愉悦的游戏。毋庸置疑，相比一个天生丽质的美女，通过管理，懂得运用自身长短处的时尚女人才更懂得享受精彩的生活。

每个人的脸上都有一两处自己看不出来，却十分充满魅力的部位。身为女人，她们应该拥有无限的关心和热情，不断地去发掘、衬托这些要素，从而展现出自身的最大魅力。相比盲目地羡慕女艺人的相貌，女人更应该关注自身的“固有财产”，并将它们的魅力完全开发出来。此时，化妆就像是在往料理中加一勺盐一样，可以让原本普普通通的女人变得更有女人味。

有一次，韩国某家百货商场针对一些消费额超过十亿韩元的贵宾，举行了一场回馈活动。活动的内容就是聘请韩国著名的摄影家、造型师等策划人员，为这些顾客打造形象，再拍成画报进行展览。我就是那次活动的化妆师之一。这些上流阶层的客户们，浑身上下都由那些服装杂志里才能看到的进口大牌包裹着，但是无论她们的穿着多么名贵，却总让人觉得有那么一点不够完美。当时我一眼就看出来了，之所以带给人这种感觉，完全是她们不符合自身形象的发型和不够自然的化妆所致。

对穿着小亮片装饰的香奈儿或缎子材料的兰文服饰的人而言，连最基本的护肤都没能做好，这是最令人难以接受的。所谓的时尚，指的是这个人有多么娴熟地打造自己，而不是穿着多么名贵的衣服。如果一个人拥有光滑的皮肤、流行的化妆和发型，通过自我管理打造出优美的体型，即使穿上普通的开衫和牛仔裤也会显得非常高贵。

粉底不但能够改变肤色，还能改变心灵的颜色

想来，很多人都有过如下的经历。当一个人脱掉严肃的正装，换上一身休闲的牛仔裤和T恤时，这个人的走路姿势和语气都会发生很大的变化，比之前要轻松悠闲许多。同样，当一个女人涂上红色的口红、抹上深色的眼影时，与她抹上淡淡的胭脂、涂上粉红色珠光唇膏时，所拥有的心情和心态是截然不同的，女人的行为和眼神会因此而发生改变，她们会对自己的脸蛋负责。

你可以想象一下，给自己的长指甲抹上指甲油，然后坐在咖啡屋里，手握咖啡杯子时是什么感觉。你会发现，不知何时，隐藏在内心深处的另一个自我——“魅力”，就渐渐地从指尖伸出了头。如果你擦了轮廓眼影，在你微笑的时候，眼睛自然也会跟着笑。一次成功的化妆可以改变一个人一整天的生活态度。事实上，我们每天接触的各种杂志和媒体上都介绍了很多化妆技巧，有时仅需一分钟，你就可以用专业的遮瑕膏掩盖脸上的黑眼圈。然而，每当看到连这点努力也懒得付出，还抱怨自己有黑眼圈的女人时，我就感到无比生气和伤心。要知道，化妆的关键在于实践，而不在于技术。

成功的化妆对于一个人的穿着也有很大的影响。在电影《欲望都市》中，凯莉穿着安娜·莫里那瑞设计的毛毛边开襟衫，纤瘦的脸上涂抹着带有亮粉的粉红色胭脂，演绎出可爱女人的形象。另外，穿着

奥斯卡·德拉伦塔正式的晚礼服时，她选择了一种中性化的妆容；而在穿着华丽的普拉达印染裙子时，她则抹上了相同颜色的口红，从而避免人们只关注裙子而忽略她的脸。可见，符合氛围和穿着的化妆绝对具有提升服饰魅力的效果。

别出心裁的化妆法

尝试各种不同的化妆固然很好，但平生只坚持一种独有的化妆法，进而刻画自己有特色的形象，也是一种不错的选择。玛丽莲·梦露喜欢的香奈儿181号与她微微张开的嘴唇成为永远的经典。此外，韩国歌手炫美阿姨的眼线画法，我们至今都能在韩国《歌谣舞台》节目的一些歌手身上见到。不但如此，这种微微翘起的眼线画法，去年还成为了一种世界性的潮流。

安娜·苏从来都不会改变自己性感的红色唇膏颜色；著名时装设计师安德烈·金的不对称眉毛，反而成为他彰显个性的标志。尽管在有些人眼里，这些化妆方法可能会有些怪异，但相比那些换一个口红颜色都要看别人脸色的人来说，却显得格外美丽。我们要懂得尊重或享受美丽的变化，不但如此，还要培养自己的个性。正如世界著名化妆艺术大师植村秀先生所说的那样："对于我来说，世界上存在多少位女性，美丽就有多少种形态。" Love Style

底妆之完全征服

皮肤不但是我们身体的保护膜，更是一种呈现美丽的首饰。

——王薇薇

近几年，相比较随处可见的“人造美”而言，追求“自然美”的人日益增多，所以每天咨询皮肤科的人数也远远多于整容科。一个女人若能拥有滋润且富有弹性的皮肤，穿什么衣服都会显得很高贵，而且她本人更像是一张未作画的白纸，通过化妆可以演绎出各种不同的美丽；反之，不管是什么形式的时尚彩妆或打扮，都无法与那些所谓的皮肤美人相提并论。

女人对皮肤美的追求是极其疯狂的。她们可以为了拥有美丽的皮肤而承受巨大的经济负担，可以咬牙忍受激光手术带来的那种又烫又麻的感觉。在我认识的人当中，不少女性朋友都是那种所谓的“努力派美人”。她们去美容院的次数比去超市购物的次数还多，每天至少喝2升水，而且经常服用各种杂志副刊中推荐的抗氧化剂。许多人抹在脸上都觉得心痛的希思黎或海蓝之谜等高档化妆品，她们可以毫不犹豫地当护手霜使用。然而，这些努力不但得不到应有的回报，反而还会引发各种皮肤问题，因此穿上任何衣服，都会显得很不协调。

同样，有些人简直就是化妆门外汉。我经常跟她们强调，抹爽肤水只是一个清洁的步骤，并非营养保护，必须用化妆棉擦拭皮肤，但她们始终认为这是一种严重的浪费行为，所以每次都是抹到手掌上，再拍拍脸蛋就算完事了。在她们看来，给自己的脸贴上几片黄瓜，就已经算是“仁至义尽”了。然而，有的人就算不做多余的努力，也能拥有白玉般滋润光滑的皮肤，甚至有些人还得意地告诉我，自己经常泡在迪吧，经常酗酒、熬夜，也不经常洗脸，但皮肤却越来越好。对此，我也只能在惊愕之余，大叹老天的不公。

值得我们注意的是，好皮肤是否就是天生丽质，不通过努力就能够不劳而获的呢？假如你已经尽了最大的努力，却还是无法拥有美丽的皮肤时，为什么不通过正确的化妆方法，将自己变成皮肤美人呢？

只做了个底妆就无比美丽的成宥利。

挑选最完美的粉底

在化妆的过程中，底妆可以说是最简单而又最困难的一个步骤。许多人之所以觉得化妆之后的效果不如素颜，是因为使用了错误的美容情报或不适合自己的粉底所致。因此，只要选择适合自己的美容方法或化妆品，就算没有任何化妆技巧，也可以让你容光焕发。首先，想要挑选适合自己的完美粉底，就要到各种品牌产品齐全的百货商店等地方，比较并分析各种化妆产品之间的差别。没有亲眼见到化妆品就网购或直接购买别人推荐的化妆品，这种方法无疑是最不明智的。

不经过测试就无法知晓哪种品牌的哪款商品最适合自己的皮肤。身为化妆师，根据我多年来接触的不同职业和不同类型的人群，从普通人到歌星、演员，从走台、拍摄影集到广告摄影，化妆手法不一而论。除了基本的化妆道具以外，我通常还会准备一件专用的底妆包，里面有五六种品牌的各种用途（color、glossy、matte、normal）的底妆专用化妆品，而且每种用途的化妆品种类不少于三种。不同人的皮肤状态，就好像人的指纹一样千差万别，所以我要做到让每一位客户的皮肤达到最佳的化妆条件。

近年来，大部分品牌柜台都会有专门的化妆师为顾客做皮肤咨询，你可以很容易地找到适合自己皮肤或肤色的化妆品。但我建议你仍然要货比三家，不要只使用过一两个品牌的产品就草草做出决定。测试的方法很简单，只要将各种产品按照硬币大小抹到脸上，然后选择与肤色最相近，显得最自然的化妆品就可以了。

当然，最好的方法是向商家要几支试用品，回家用几天之后再做决定。只要好好观察化妆品对皮肤状态的反应、持续能力及保湿效果，就绝对不会挑错。尽管这个方法很麻烦，但粉底霜不会像调节肤色的化妆品那样受到流行趋势的影响，而且消费者一旦选定就不会轻易更换品牌。只要能选择正确，多花点时间又何妨呢?

光滑的皮肤表现和柔滑、苍白的瓷器皮肤。

隔离霜非抹不可吗?

我们经常使用的、带有颜色的隔离霜，在国外只有一些专业的化妆师才会使用。除非肤色暗沉或发红，否则没有必要使用它。我很不理解，为什么人们在化妆前一定要先抹上一层隔离霜呢。如果皮肤不存在特别的问题，那么，缩减化妆的工序才是保养和展现皮肤的最好方式。

变化多端的妆前底霜

想要获得像上了釉的陶瓷般的皮肤，使用妆前底霜是必不可少的一道环节，给毛孔和粗糙的皮肤罩上一层薄膜。如此一来，含有硅成分的化妆粉就能在皮肤上面形成“第二层皮肤”了。妆前底霜虽好，但用多了就会与化妆粉黏在一起，形成类似于污垢一样的东西，这会让肌肤看起来很不干净。因此，在使用妆前底霜的时候，在用量的问题上，一定要多加注意。其实，能够提升妆前底霜优点的方法是单独使用，即省略上化妆粉的步骤，只要在抹完妆前底霜的光滑皮肤上打上一点粉红色透明粉，便可以打造出像桃子一样诱人的“婴儿皮肤”。

最不显眼的颜色才是最适合你的颜色。

化妆的法宝——遮瑕霜

之所以提倡大家使用遮瑕霜，其实是为了省去上化妆粉的步骤。只要将大部分皮肤上的瑕疵遮住，那么，上不上化妆粉就没有那么重要了。事实上，遮瑕霜调节肤色的能力与它的遮瑕能力一样重要。因为涂抹的遮瑕霜的颜色比肤色更亮，反而会让人注意到脸上的瑕疵。另外，脸上的痘痘要用深色的遮瑕霜进行遮瑕。这就像是女人没穿文胸，穿白上衣或黑上衣，哪个更明显，自然是不言而喻。在抹遮瑕霜的时候，采用涂抹的方式会造成浪费，因此应该采用拍打的方式，然后再用粉饼盒里的海绵按一按，就能完美地遮住瑕疵了。

紧迫时的救命道具——遮瑕笔

如果你对自己的眼袋和八字皱纹、眉间的皱纹并不是特别在意，那么，即使省掉粉底的过程，也是无关紧要的。倘若你觉得每天早上化妆是一件很麻烦的事情，那么，即使再忙，也要在上班的路上，用遮瑕笔遮住眼部的黑眼圈。如此一来，起码人们不会问你：“你昨天没有睡好吗？”

神奇的效果——腮红

腮红的作用很重要，它可以增添脸部的血色和生气，既让脸部显得有立体感，同时又不会让眼影和唇彩的颜色失去平衡。倘若你曾经使用粉红色或橘黄色的腮红，而遭到过人们的嘲笑，那么，我推荐你使用颜色浅一点的桃粉色腮红。先上好粉底，再抹上一层薄薄的膏状腮红，最后打上一点粉饼，就能呈现出柔滑、诱人的澄澈效果。

效果惊人的腮红。
©Avenuel Korea, Ryu Hyung-won (left)
©Marie Claire Korea, Lee Kyung-ryul (right)

轻轻地抹一遍——粉饼

粉饼的作用始终只有一个，那就是将化好的妆固定下来。因此，你不要奢望它能为你带来什么神奇的效果，更不能抹得太多，不然很有可能将辛辛苦苦打好的底妆给浪费掉。想要获得婴儿般的皮肤效果，首先化出来的妆要有透明感，单凭厚厚的粉底来追求白皙效果，只会让你的面庞看起来失真、做作。因此最好的方法就是在干净剔透的底妆上面薄薄地抹一层粉饼。另外，在白色的透明粉底上抹一点有光泽的粉饼，再用大一点的化妆刷刷一遍，就能打造出轻盈且富有光泽的面部肌肤，不再有厚重的涂抹痕迹。

闪亮化妆品的正确使用方法

闪亮的化妆品不可以涂抹到整个脸部。像是患有“裸妆症”的歌手一样，将珍珠粉涂抹在整个脸部，其效果有多么惊人，可想而知。闪亮的表现方法在于强调脸部的优点。毕竟，闪亮的部位永远比一般的部位更抢眼。总之，闪亮化妆品的作用是给个别的部位增加亮点，从而表现出立体、健康的形象，而并非给整个脸部增加光彩。

利用闪亮的特点，提升鼻梁的锐利；或是强调唇线，突显人中的轮廓；或是强调从太阳穴到颧骨的C状线条等，修正或突出脸部骨骼和肌肉的长、短处，这就是闪亮化妆品的真正用途。另外，如果从两眉间到鼻梁、人中、下巴的一条线进行着重塑造，就能展现出西方人那种富有立体感的面部轮廓。

BB霜的真实和虚假

近年来，许多人都认为用粉底液太过明显，从而改用BB霜。BB霜其实是Blemish Balm Cream的缩写，原本用于遮盖皮肤上的红斑。因此，没有皮肤问题的人使用BB霜，反而会使皮肤显得暗沉无光，让脸部失去原有的亮泽。而现在面世的BB霜大部分都克服了这种问题，转变为一种可以调节肤色的乳液，但也同时失去了原有的遮瑕效果。

倘若你看重的是BB霜的触感或微弱的遮瑕效果，那么，大可将普通的粉底霜和保湿霜以1：1的比例掺在一起使用即可，而无需另外购买BB霜。如今，化妆品的相关技术发展迅速，很多产品即使你想抹得厚一点也抹不上去，因此最好的方法无疑是直接选择好的粉底。

现在的粉底可以抹得很薄、很自然。

找回青春的化妆品
——肉毒素（Botox）

二十多岁的时候，即使熬了夜，早上洗完脸，我的面部也会重新焕发光彩，几乎不会留下什么痕迹。即便如此，我还是从没有忘记每天坚持给自己涂眼霜。如今，每次喝完酒，即使多么想躺下睡觉，我都不忘洗脸并涂抹营养霜。高中毕业，我戒了烟，也仅仅是为了保护皮肤，而不是出于其他健康方面的考虑。如果大家能够像我这样，养成正确的生活习惯，并时刻为自己的皮肤进行“投资”，想来总有一天会给你带来惊喜的回报。偶尔遇到以前的同学，看到他们爬满皱纹的眼角和额头，以及那暗淡的皮肤，我都能深刻地体会到自己与他们之间的不同。而且，周围的人也经常说：我看起来比我的朋友们年轻十岁。

近几年来，美容界人士说得最多的一句话并不是称赞某某人有多么漂亮，而是称赞她们显得有多么年轻。何况，这种事情已经普及为一种广泛的社会现象，而并非仅仅局限于美容界。如何坚持健康的饮食习惯并守住青春和美丽，这并不是短期的热潮，而是现代人维持健康生活的关键问题。

不可否认，衰老是人类无法避免的必然趋势。正如我们无法挡住岁月的流逝一样，我们同样无法挡住身体的老化，至少现在还无法靠人类和科技的力量解决这一难题。要知道，人的平均寿命不到八十岁，但普遍到了三十岁以后，人们的皮肤就会产生衰老的迹象，渐渐增多的皱纹，让你的皮肤变得松弛起来。那么，你甘愿让自己皮肤变得暗沉、粗糙，甚至以这种状态生活半个世纪之久吗？曾几何时，人们为了获得美丽，而纷纷到医院进行整形手术。但如今，她们终于明白：真正的美丽并不在于鼻梁有多挺，更不在于脸蛋有多秀美，而是在于皮肤有多光滑、多么富有弹性。

当前，化妆产品的研发趋势也为这些现象的出现提供了根据。因为越是让你显得自然、显得年轻的产品，就越是受到广大消费者的欢迎。与以前调色能力出众的产品或拥有完美遮瑕能力的产品相比，如今的化妆品则更倾向于看不出化妆痕迹的粉底或妆前底霜，以及自然唇彩等商品。

每一次看到韩国中年女演员如今和过去时候的照片对比，我都会感到无比惊讶。因为我从来都没有想到，她们也曾有过如此美丽的青春。然而，如今，看到她们截然不同于脖子肤色的脸蛋、失去光泽而抹了过多亮粉腮红，以及为了矫正下垂的眼睑而贴上假睫毛、抹上浓浓的亮粉眼线的情景，我就不由地感到一阵惋惜。

说起来，女人之所以会化妆、需要化妆，其实是因为对自己不施粉黛的素颜没有信心。倘若她们始终拥有二八年华的青春和美丽，又怎么会费时费力地往自己的脸上涂脂抹粉呢？当然，这也是一笔不小的开支。假如你不喜欢自己老去的面容，或想要轻松地找回自己的青春，那么，最好的方法无疑是直接到皮肤科打一针肉毒素。你会发现，脸上的皱纹会奇迹般地消失了。另外，韩国女演员金惠洙鼻梁上的皱纹和全度妍微笑的眼睛等自然的魅力是不可模仿的。你若不想变成韩剧中那些中年女演员的模样，那只有坦然地接受自己不再年轻的事实了。

让自己显得年轻的法宝

保湿霜　人一旦上了年纪，皮肤就会变薄、变粗糙。选择质感丰润的乳液，充分地抹到皮肤上，就能将细皱纹和干燥的角质之间的缝隙填满，从而让皮肤显得水润柔嫩。若是一次涂抹过多，会给皮肤带来负担，因此，以五分钟为间隔，共涂抹两三次，使皮肤形成晶莹剔透的保护层。

妆前底霜　在做好护肤管理之后，给毛孔充填“肉质”，这就是妆前底霜的原理。妆前底霜可以将脸部凹凸不平的部分填平，形成透明的保护层，让皮肤表面变得光滑、丰盈。总之，妆前底霜的意义在于立即改善皮肤的状态，减少粉底的使用量。因为即使是再好的粉饼，若是完全遮住皮肤原有的光彩，就会让化妆的人显得失去了青春的活力，而让人看起来很老。

矿物质粉底　矿物质粉底能以矿物质特有的色彩演绎出自然的光泽，而不是那种显眼的闪亮色彩。

由于这种粉底不会抢走皮肤原有的水分，更不会干裂或有紧绷感，因此适合皮肤干燥的人使用。有光泽的皮肤会通过光的反射，达到遮盖痘痘、色斑、雀斑等瑕疵的作用；同时，还能令干燥的皮肤显得水润光滑。另外，液体的粉底要尽量减少其使用量，除了个别毛孔粗大或有红斑的部位之外，最好抹得越薄越好。

遮瑕笔 化妆的时候，遮瑕笔要选择比肤色深一点的颜色，在额头、鼻子、眼底、颧骨、太阳穴等地方，按照三叶草的形状涂抹。由于浅色有凸出效果，而深色又有凹进的效果，因此在凹进去的部分使用浅色，在视觉上减缓其凹陷的程度，可以有效地固定住从额头到两眉间、眼底、鼻翼两侧的皱纹。

轮廓色 要知道，即使想要让脸部焕发润泽，也绝对不可以将闪亮化妆品涂抹到整个脸部。因为闪亮化妆品会在细纹之间或毛孔中堆积，给人一种油腻腻的感觉，而且还会让细纹突显出来。因此，闪亮轮廓色只能用于个别的必要部位。如果仔细观察小孩们的脸蛋，你就会发现：他们的前额、鼻梁、两腮上方异常光滑。如果将有闪亮效果的轮廓色抹在这些部位上，就能让该部位的皮肤紧绷起来，呈现出光滑亮泽的效果；同时，还能形成饱满感，使整个轮廓变得明显起来。

打阴影 皮肤老化的第一个征兆，就是轮廓开始变得没有棱角。想要获得时尚杂志上那些经过处理的照片人物一般立体且丰满的轮廓，首先就要给面部的个别部位打上一些阴影，以色泽明暗不同的方式来塑造出脸颊和下巴棱角分明的轮廓。女人在化妆的时候，犯得最多的错误之一，就是为了让脸部显得更加白皙，打上过多的美白粉底，从而使得脸部和脖子的连接处过于突兀，给人一种很不协调的感觉。另外，为了挽回这一点，将褐色的阴影打在脸部轮廓上，也是一种非常糟糕的化妆方法。选择比自身的肤色稍微浅一点的粉底，再给额头、颧骨、鼻梁部位抹上颜色明亮的粉底，则可以塑造出充满立体感和白皙的脸部轮廓。

粉红色色调 棕色或灰色色调的眼影会让人们联想起秋天，而且具有眼皮凹陷的感觉和缔造成熟感的效果，因此，在这里我建议大家使

用淡橘黄色或暗粉色。另外，与连接太阳穴到脸颊的橘黄色系列的腮红相比，能够突出颧骨的、带有闪亮效果的粉红色腮红更能给人带来一种“婴儿肥”的感觉。

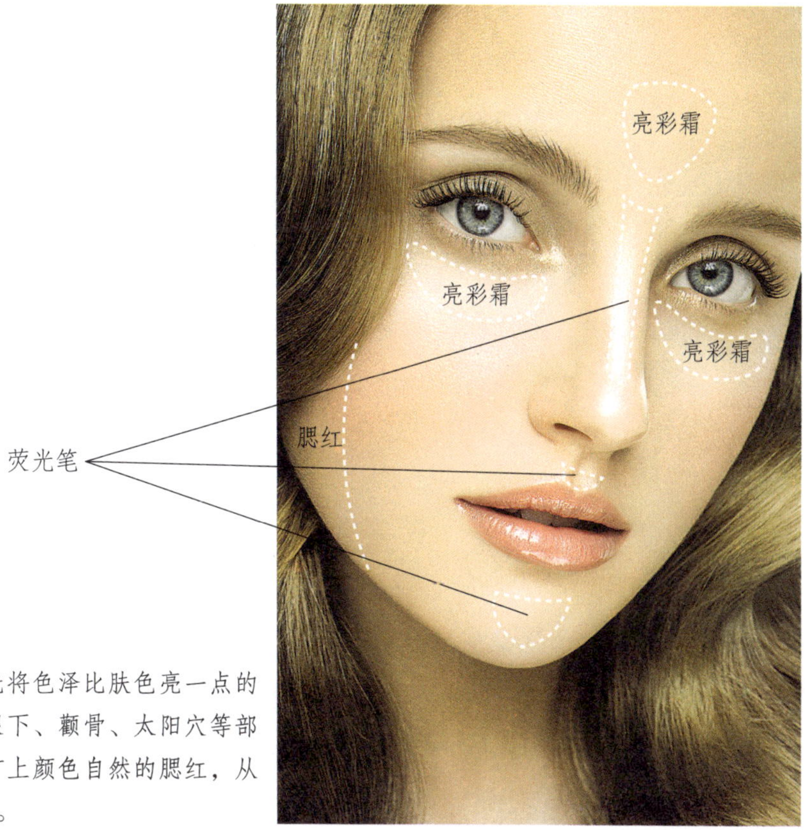

年轻化妆法的诀窍：先将色泽比肤色亮一点的亮彩霜抹到额头、鼻子、眼下、颧骨、太阳穴等部位，再给脸颊和下巴线条打上颜色自然的腮红，从而达到突出脸部轮廓的目的。

让女人变得
更加妩媚的武器

虽然对“眼睛是心灵之窗”这一说法都表示认同，但为什么不承认“嘴唇代言内心”的这一事实呢?

——可可·香奈儿

娇兰在推出首款管状唇膏时，将其产品命名为“勿忘我”，这一意味深长的名字深得女性消费者们的喜爱。可以想象，这也代表了女人们想要自己所爱的人能够永久记住自己的殷切希望，而这款唇膏，则准确地把握住了这种浓情蜜意的心绪。唇膏一直伴随在女人们的身边。不论从少女变成一个成熟的妩媚女人，还是为了吸引自己所爱的人的目光，口红往往是女性们第一个选择购买的化妆品。而且在影视剧里，那些受到了伤痛的女人为了忘记离别的愁楚，也经常会精细地在嘴唇上涂抹艳丽的口红，以抵抗情绪的失落。

每个女性包包里都会放置一管口红，可以说它是使用最普遍且最能体现出女性的象征意味的化妆品。女人们连涂抹口红的身姿都十分性感撩人，因此以女性美为主题的电影和电视剧中，一定不会少了她们涂抹口红的场面。口红在润唇膏风靡一时之际，沦为了中年女性才使用的产品，不过最近在复古风的席卷下，这个最具有女人味的小物件，又重新散发出了其独有的光芒。

在美妆产品中，男女的界限逐渐变得模糊淡化，女人喷男士香水会很酷、很潇洒；而有些男士甚至还会时不时地使用女朋友的粉底或眼线笔。在这样一种趋势下，只有口红才是男人们可望而不可及的女性专享之物。

赞颂红色口红

从酩悦香槟、唐·裴利农香槟王，到便利店里出售的甜甜的Majuang，这些所有的气泡白葡萄酒都被统称为香槟。不过，更准确地说，法国香槟地区生产的气泡葡萄酒才是真正的香槟，剩下的只能称之为气泡酒。那么与此相类似的，“rouge”成为口红别名的原因又何在呢？

法语中的“rouge”是一个形容词，代表红色，它拥有其他任何一个颜色都无法超越的“能量”。它可以同时展现出妖冶迷人的性感美女和纯洁优雅的羞涩处女的双重魅力。当这种瑰丽的红色“附着”到女人的双唇时，在不失撩人风姿之余，还散发着端庄的淑女气质，它的双重性让人充满好奇，让人沉湎忘返，让人不可思议。阿根廷的第一夫人——伊娃·贝隆，从一个卑微的舞女直到登上总统夫人的位置，一直都是红色口红的忠实支持者，她让这骄傲的一抹红达到了让人翘首仰慕的高度，而它又永驻着这位夫人的高贵气质。

在电影《贝隆夫人》中，麦当娜的盘发搭配红色的口红，并以出色的演技荣获了金手套奖。《艺妓回忆录》中的章子怡和《色戒》中身着旗袍尽显窈窕身段的汤唯，都没有忘记把双唇涂抹成红色。如此高调而又迷人的形象，可以把所有人的视线集聚于一身。极端的品位会让人厌倦，极端的性感也会让人腻烦。伊娃·贝隆和格蕾丝·凯莉都是在优雅中显露着呼之欲出的性感，而这样的气质又如何不让男人们为之心动呢？红色口红是“双面夏娃”，它有自身的冲突性，也具有视觉的穿透力。黄玫瑰吐露着浸润心扉的唯美，粉红色玫瑰羞涩且含蓄，不过，与红玫瑰相比，它们只能沦落为宴席上的一道佐餐，征服人心的是红玫瑰，而女人脸庞上的花蕾也应该在鲜红的色调下，美丽绽放。

可能是最近自然妆容流行的缘故吧，很少看到有人抹红色的口红。在沈银河、高贤贞等诸位明星独领风骚的20世纪90年代，不论是明星还是家庭主妇，所有的韩国女性们都被红色的口红彻底征服了，坚持红色口红似乎成了一种不言而喻的精神，真是很难相信，人的审美观念，怎么会有如此强烈的弹性。流行趋势可以让我们愉快地消费，发现新的价值，不过当消费观念占领了我们价值观念的主流，而让我们疏忽了生活的本质，就这一方面而言，它是一个不折不扣的“俗物”。不过在这一流行趋势下，红色口红以永远的经典、永远的女性向往，偶尔在T台上被重新演绎，一直陪伴在我们的身边。没有红色口红的女人和一生都没有穿过超短裙的女人没有什么两样。因为红色口红和超短裙是让女人更加具有女人味的时尚风向标，它们的存在理由是相同的。美国演员斯嘉丽·约翰逊曾用这么一句话赞美了口红：

“我抹口红的话，心情会变得十分愉快。我依赖口红，并通过口红治疗自己。”

复古味十足的红色口红

据说罗马时代的女性为了使自己更加性感，用红葡萄酒把嘴唇染成了红色。红色口红在性方面的信号，从艺妓至好莱坞海报女郎，直到现如今也是强有力的诱惑武器。在电影《尼亚加拉》中，玛丽莲·梦露那极具诱惑力的眼线和红色口红不仅仅在当时迷倒了众人，只要把红色口红表现得适合现代感的话，它依然能够驰骋于当代的时尚前沿，并且我们也完全可以有机会成为电影中的主人公。

通过无光泽口红打造成熟之美

红色口红按照浓淡、形态以及光泽的不同程度，可以塑造出千变万化的形象。抹上一层薄薄的无光泽感的口红之后，用棉棒把嘴型表现得模糊是最近比较流行的，这能让你的嘴唇像柔软的玫瑰花瓣一样娇艳欲滴。

打造像红葡萄酒一样的嘴唇

用唇彩涂抹在嘴唇中间部位，然后再在上面用膏状的润唇膏涂抹，可以使嘴唇看起来更加湿润，让双唇有轻轻地染成红色一样的效果。

挑选适合皮肤颜色的产品

需要提醒大家的是，虽是红色，但红色依色调的层次可以分为很多种。如果脸部肤色较黄的话，就涂抹有橙色光泽的茶红色；如果脸上长有痘痘或皮肤泛红的话，没有珠光感的葡萄酒红可以使皮肤看起来白皙洁净；因做日光浴而稍显晒黑的肤色，适合涂抹樱桃光泽的红色口红，这样会让你像海报女郎一样具有显著的画面感。

打造让人想要亲吻的美唇

如果每个人长大成人之后，还能拥有鲜红的唇色、没有唇纹和角质的宛如莲花一样的婴儿唇的话，估计不会有人开发关于嘴唇的化妆品，不，应该说是不存在开发的必要性。但随着年龄的增长，我们的身体在新陈代谢中一天天发生着细微的变化，在唇线变成黑黑的颜色、唇型逐渐收缩的现实面前，嘴唇的修饰，对每个女人来说都是十分迫切和必要的。

不过，像刚吃了辣椒一样红红的，用手指甲一刮，似乎都能形成一道很深的划痕般的唇色，这当然是排在男人们忌讳对象的第一位。因为接吻之后，自己的嘴唇周围会发生什么变化，不看也很明了，因此这种唇妆就等于不想让男人靠近自己的意思。男人们喜欢女人打扮得漂亮，但却并不喜欢过分的修饰。多关注那些受男人们普遍欢迎的女人，你会发现，她们的共同特点便是都化了并不夸张、但却女人味十足的妆容，她们所展现的自然美是值得每一个女人借鉴的。

打造诱惑双唇

1. 用伊丽莎白·雅顿8小时润泽护唇膏或者契尔氏的唇膏，在开始化妆之前先涂抹嘴唇，在化妆快要结束阶段，用棉棒轻轻地去除唇部角质。还可以使用专业去除唇部角质的产品。

2. 利用粉底或遮瑕霜遮盖唇线。沿着唇线遮盖变色的部位，这样唇部的整体色泽才会鲜明亮丽。

3. 在唇部中间滴上一滴红色唇彩。稍微等到唇彩被吸收之后，利用剩余没有被吸收的唇彩在唇部涂抹均匀。

4. 涂抹紧贴双唇的珊瑚粉红色系口红之后，用纸巾轻按唇部，去除多余的油光，这样，嘴唇会散发出石榴般的色泽，可以让你的嘴唇有一种被柔软的粉红色面纱包裹住般的粉嫩效果。

对干性嘴唇效果显著的伊丽莎白·雅顿8小时润泽护唇膏，含有能够去除唇部角质的小颗粒。

通过牙齿美白，让双唇更显生机

艺人与我们的不同之处在于牙齿。由于长期吸烟，或者长期喝咖啡、葡萄酒等，变得发黄的牙齿影响了整个面部的形象。即使牙齿长得不齐，只要它们看起来洁净亮白，就能使皮肤显得白皙，而且可以让口红的颜色更鲜明靓丽。紫罗兰色或粉红色系的口红，会让这种发黄的牙齿更明显，因此要谨慎使用。

红色口红在我们满面笑容、露出雪白的牙齿的时候显得最为性感，因此在使用上更要费些心思。在牙科医院进行牙齿美白，可以得到暂时的效果，但是如果不能放弃自己日常的不良习惯，发黄的牙齿马上又会恢复原状。因此比起暂时的一两次体验，定期去牙科接受牙齿管理和治疗，再通过在家中对牙齿的美白与护理，可以让你的整个唇部更显魅力。

用手指涂抹口红，打造唇部被蓝莓晕染般的自然双唇。
©Vogue Girl Korea, Kim Han-joon

用眼线带来梦幻的变化

眼睛是一个人的心灵之窗。我们通过对方的眼睛，来感受清澈、纯粹的心灵；我们还可以通过眼睛来辨别对方说的话是真是假；当我们初次见到一个人时，留下最深印象的也是眼睛。眼睛虽然只是位于脸部的一个组成器官，但它就像是一个独立的生命体一样，传达着自身的想法和情感。虽然在化妆的时候，没有一个部位是不重要的，如果想让妆容显得完整、平衡，就要对每一个细节进行细致的处理。但是，最让人花心思的还是眼部。有的人在出门之前，即便时间再紧，也至少要描一描眼线。这说明了一点，黑色的眼线是决定眼部妆容的关键。

我认识的很多女孩子在外出时，都是宁愿不洗头不打粉底，也要画一下眼线的。有的是因为在做了双眼皮的手术之后留下的后遗症，上眼皮有细微的外翻现象，所以，如果不用眼线笔进行一番修饰，是很难出门见人的；而有些人是因为双眼皮太厚，总是显出浮肿的状态，所以要用厚厚的眼线遮挡；有的是因为眼皮凹陷，所以要用长长的眼线加以修饰，能够让眼部轮廓显得更饱满。总之，画眼线的理由是很多，它的妙处在姑娘们眼里也是津津乐道的。

眼线之所以有如此突出的重要性，不光是因为它操作简单方便，更是因为它能给我们的眼部，以及整个面部的精神状态带来焕然一新的效果。眼影或是腮红、口红等有色彩的化妆品，就算涂得再多，对形象的改变也产生不了太大的效果；但是，只要稍微改变一下眼线的长度和深度、角度，即使原本给人狡诈印象的脸孔也会瞬间转变为温顺祥和的模样。眼线赋予眼睛重生的机会，尤其是一厘米的细微变化都能让我们原本单薄、缺乏神采的面貌，变化出层出不穷的鲜活气质。就是说，一个线条就可以让一个懵懂少女变得精致且富有活力。描一描眼线，把黯淡无光的倦怠双眼隐藏起来吧。

除了有着完美的溜冰技术之外，还拥有丰富的情感表现能力的金妍儿，也不忘通过黑色眼线来为自己的魅力锦上添花。练习时的素颜和大赛上画着简约眼线的她，就像是拥有同样外貌、不同灵魂的一对双胞胎一样，给人截然不同的感觉。

对于眼睛小、单眼皮，眼睛还稍显浮肿的东方女性来说，眼线笔无异于救命稻草。因为一个细长的线条就可以弥补眼睛的所有缺陷，让西方人也为之惊叹；而从另一方面来说，眼线笔对于单眼皮来说是有着更大的用武之地的。如果你拥有着一双外双眼睛，就算将眼线画得很浓、很深，只要一睁开眼睛，眼线就会被眼皮遮盖住，因此效果也不是很明显。眼线笔像是在单调且黯淡的眼部轮廓上插上了黑色的翅膀，这让广大爱美女士不用再羡慕别人漂亮的大眼睛了。当然，前提是你希望成为一个更有魅力、更知性的女人。

画眼线的方法

最近，周围有很多人都在文绣半永久性的眼线。对于不能娴熟地画出眼线的人来说，这似乎也是一个非常便利的方法。但是，这样做，将会失去眼皮上没有一点化妆痕迹的清澈眼眸，我不想劝大家采取这样的方法了。在给嘴唇涂上鲜红的口红后，没有画眼线的清澈眼眸，不也是同样能散发出别样的魅力吗？那么，难道对于大部分非专业化妆的女士们来说，自己就不能画出像文绣那样既精巧又自然的眼线效果吗？文眼线并不是直接文出一个线条，而是用密密麻麻的小点，表现出像是用线连接起来的效果。如果在化妆时，也利用这样的方式，一点一点细致地勾勒眼线，在又细又尖的笔上蘸上持久性较好的眼线液之后，把睫毛连接起来即可，塑造出既精巧又别致的眼部线条并不是什么难事，只是看你是否用心而已。

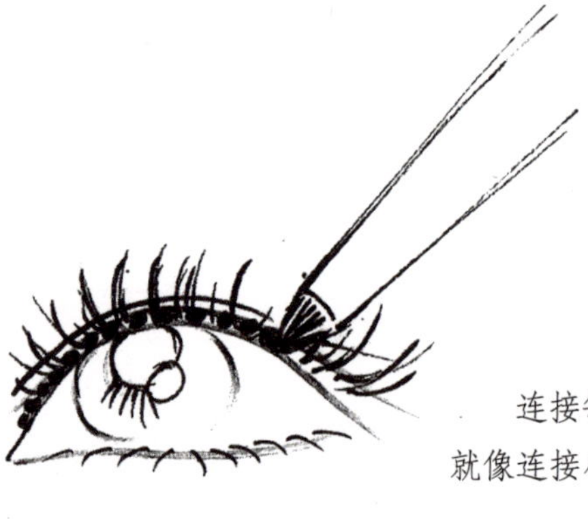

连接每根睫毛，
就像连接小点一样。

用眼线笔画出烟熏妆

想要用眼影画出烟熏妆，可不是一件简单的事情。这个时候，就可以用铅笔型的眉笔来轻松勾勒出这样的效果。先沿着眼部的线条画出一条线，然后利用棉棒或是海绵逐渐将这条线晕开，离眼部越远的地方，浓度就越要模糊一些，形成一种渐变的色调效果。那么，转瞬之间，魅惑的猫眼女郎妆容就在你的亲自操刀下，大功告成了。

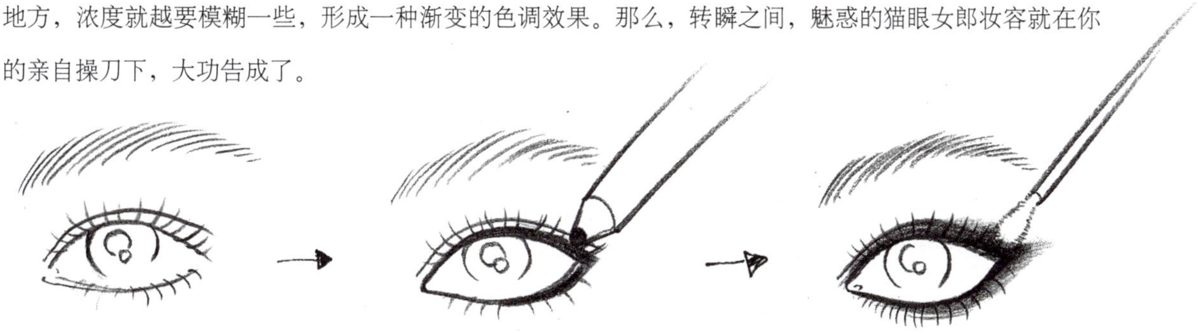

沿着眼部的线条，仔细画出线。

利用棉棒或是海绵进行浓淡处理。

眼线液的种类和用法

液状眼线液　可以表现出过去的女演员身上那种富有韵味的复古感觉。因为是液体状，所以可以很轻松地画在眼皮上，但是却不适合在平日里使用。因为液体的眼线很难修正，所以，在勾画的时候，一定要细致，一次搞定是最好的了，否则你就只能重头再来了。如果笔的弹力和选择的笔不是很好用，画出的效果就不会很理想，因此在画眼线之前，一定要对眼线笔进行一番确认，看看它与液状的眼线液是否适宜搭配。

固体状眼线液　因为这种眼线液先要在水中稀释，才能够使用，所以在浓度的调节上，是我们可以控制的，因而这样的眼线液可以表现得更加细腻且具有灵活性。双眼皮薄的人，涂抹在眼皮重叠部分的眼线液，可能会受到水分或是皮肤分泌的油脂所影响。但由于其液态的特征，所以，会感觉比较轻柔，没有异物感，这是该类眼线液的最大优点。

铅笔状眼线笔 因为不需要其他道具，所以具有实用且便利的优点。很容易画上去的眼线液，持久性弱；而比较难画上去的眼线液，持续性强，所以，要根据自己的实际需求，选择适合的商品。使用眼线笔之后，用棉棒收尾，不仅干净、利落，妆容还能维持很长时间。

凝胶状眼线液 不仅容易画出来，且能维持一整天，可以说，是最受女性欢迎的眼线液。但一定要注意的是，要准备一个质感好的刷子。因为液体本身所具有的水润性，在未彻底干透之前，可以对画偏的部分进行修正。

魅力的烟熏妆。
©An An Korea，Hong Jang-hyun

悠悠地飞在额头上的海鸥

记得小时候看完《乱世佳人》，还不能理解玛格丽特·米切尔所描述的那段历尽数十载沧桑岁月的爱恨史诗，那时的我根本不知道一部电影内在的艺术性和内涵才是作品的精髓。对于我来说，好莱坞的美女才是最能让我感兴趣的。当时，我曾一度认为世界上不会再有比费雯·丽更漂亮的人了，并且在我整个的童年岁月里，她成为了所有美的代名词。我之所以会产生这种感觉，说来有些好笑，不是因为她挺起的鼻梁，也不是因为她幽蓝的眼眸，只是因为她画着一对如完美抛物线般的细窄眉毛。每当她动心气时，或是向男人索求某些东西时，那微微向一侧扬起的不太对称的眉毛，几乎拥有让人窒息的诱惑力。这样一个小小细节，给她原本就精致的脸庞赋予了迷人的活力。

不论在哪一个时代，好莱坞女演员们的彩妆都会有着富有时代感的特色，其中眉毛的修饰风格可以说是最具代表性的。有时是不容许有任何瑕疵的完美形状，有时则为了展现出富有个性的造型而处理得略显怪异。伊丽莎白·泰勒每次光是画一个碳色眉毛就要花上两个多小时的时间，而这个碳色眉毛也成为了她象征性的标志。在华丽唯美的女星形象风靡于大银幕和镁光灯下的那个时期，奥黛丽·赫本那纯粹自然的一字眉以另类的知性美感颠覆了当时的传统审美观念。而梦幻的葛丽泰·嘉宝或是玛莲娜·迪特里茜那纤长的拱形眉毛在时尚的舞台上纷纷亮相，引领了一波波的追随热潮。

在克里斯汀·迪奥秀上，一些几乎已经被人们遗忘的陈旧风尚，在经过顶级彩妆大师巧妙的修改后，衍变成为崭新的、且富有现代气息的华丽形象，在时不时就爱宣扬复古风的时尚界，这样的“二次创作”总是能在给人们带来惊艳的同时营造出一种引起大众共鸣的怀旧情结。如果波姬·小丝剃掉了那个浓密的眉毛，还能成为“我和凯文之间什么也没有”的牛仔裤广告主人公吗？

在韩国，类似的例子也并不少见。比如人气正旺的李承燕，她的眉毛就给原本秀气雅致的脸孔添上了一种让人感觉异常舒适的自然美，这使得很多女性都重新留起了原先剃掉的眉毛。李瑶媛或是沈银河、全智贤、尹恩惠等一些被大众所公认的自然美人，一细看你就会发现，她们都有着一对让人怦然心动的秀气眉毛。眉毛就像是我们脸部的一层屋檐，是别人在判断你面部的均衡感和神色时的重要部位，在对面部进行修饰时，这一对细小的眉毛是绝对不可以忽视的。

画出适合自己的眉毛

初次进入服装学院的学生，要画了几百张人体模型之后，才能进入下一个过程。同样的道理，在彩妆学校，就要从画数十双眉毛开始，这也足以表现出眉毛在彩妆业所占据的地位，同时它也是最难处理的一个部位。但是，如果素描水平达到了一定的水准，想要画出各种风格的眉毛，也不会是一件太难的事情。

漂亮的眉毛都是有黄金比例的。但是，圆圆的、具有肉感的脸上如果画着棱角分明的眉毛，会给人以突兀、不协调的感觉；同样的，在长长的脸上画着月牙形的眉毛，会给人一种脸部更长的感觉。所以，画一对适合自己的眉毛是非常重要的。

给眉毛也染上颜色

在日本，年轻的女性们在去美容沙龙染发时，一般也会顺带把眉毛也漂染一番。从没有尝试过给眉毛上色的人，往往会担心这样做会不会造成太过突兀的感觉。但是，如果不选择特别红的颜色，而是染上较为含蓄的褐色，就不会像原先的黑色那样，与肤色形成强烈的对比，所以，可以给人一种柔和自然的感觉。

在眉毛比较硬，且长得稀稀疏疏的情况下，也可以通过上色来增添柔和感。蓝色或是绿色等给人沉重感觉的颜色会让你乱糟糟的眉毛出现新的起色。如果你像李孝莉那样喜欢把皮肤晒黑，就更应该尝

把眉毛染成和头发一样的颜色

试一下。把头发的颜色、皮肤的颜色、彩妆的颜色以及眼睫毛的颜色都统一成褐色，就能给人以更加干练、高贵、性感的感觉。

嫁接眉毛

如果想看起来更加自然，就要把眉笔笔芯削得尖一点，然后一笔一笔地进行精细的勾勒。最近流行的半永久文身，也是用与此相类似的方式画出来的。相比只用颜色表现出来的眉毛，这样一笔一笔画出来的会显得更真实。与此类似的，还有毛笔状的眉笔。虽然最近眉笔的颜色越来越多，但是最适合画眉毛的道具还是黑檀色眉笔。专家们使用眉笔的方法是不同的。无论是睫毛的处理还是眉毛的画法，都多种多样。

就算少喝咖啡，也要备齐的道具

如果你对周围人的眉毛稍加留意，就会发现有多少人对自己的眉毛进行过精心的修整，又有多少人对它们从来都漠不关心。有些人的眉毛一看便知道只是用刮胡刀匆匆推了一下而已，而等那些刮过的眉毛再长起来时，它们的质感和男人们下巴上的胡须毫无二致；更多的人会选择让自己的眉毛自然地生长，全然不管不顾，这些都是十分常见的。然而，作为决定我们面部表情的重要部位，对眉毛的打理，是一个注重自身妆容的人势必会修饰的部分，在这上面的金钱投入可不是不必要的消费。与其在有面试或是要照重要照片时，去美容院支付高额的化妆费用，还不如在平日里就对眉毛的管理进行基本投资，时时给人以良好的第一印象。

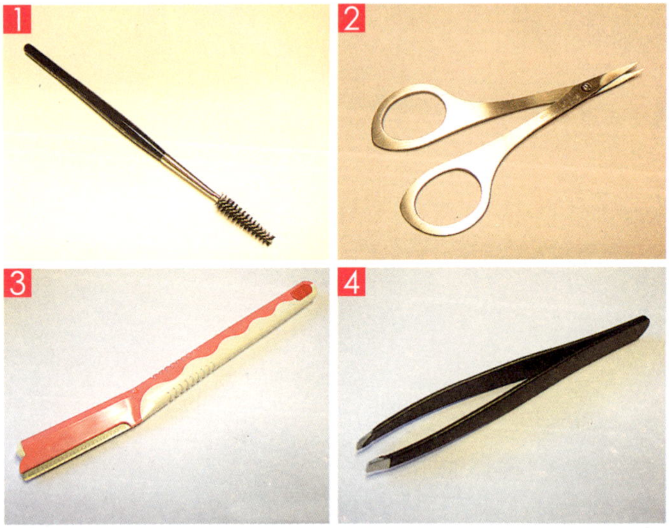

1.用眉毛刷仔细地刷一下眉毛，做好准备工作。

2.用眉毛剪适当地剪掉长得过长的眉毛。

3.用眉毛专用刀，把眉毛刮成自己喜欢的样式。

4.用钳子自然地整理眉毛。

比高跟鞋更让人蠢蠢欲动的睫毛膏

应该没有比女性涂睫毛膏更性感的画面了吧。为了涂睫毛膏，会不自觉地微微抬起头，用清澈的眼眸认真地凝视镜子中的自己，这个表情散发着难以言喻的魅力。为了防止沾到黑色液体而拢起的拇指和食指，也表现出一种别有情调的性感。我讨厌有些人为了让睫毛看起来更长，而做眼睫毛拉长手术，或是贴上人造睫毛。挤出有味道的胶水，颤抖着涂抹在人造睫毛上的样子，可不是那么好看的。比起没有一丝瑕疵的假睫毛，我还是更喜欢有黏度的睫毛膏的质感。偶尔会黏在眼睛周围的黑色痕迹，有时也会产生一种生动的美感。

在1913年的美国芝加哥，一个叫美宝的少女暗恋上了一个名为切特的青年。这份单相思让她的心情每天都充满了忧伤。为了满足妹妹的愿望，哥哥托马斯为她的睫毛涂上了混合了凡士林胶和碳粉的物质，因此而变得漂亮起来的美宝终于如愿以偿地俘虏了切特的心。1915年，哥哥托马斯成立了一家公司，他把妹妹美宝和凡士林的英文名组合在一起，将该公司的名称命名为“美宝莲”。自1917年起，这家公司开始生产一种装饰眼睫毛的化妆品，并将其称之为睫毛膏。

睫毛膏得以诞生的这个浪漫故事是比较切合实际的，它并没有脱离我们现实的生活。涂上睫毛膏的眼睛，不仅能够使双眼看起来更大，还会给人炯炯有神的感觉。可以说，睫毛膏像变戏法一样地实现了人们追求美的心愿。在影视剧中，演员们为了装扮成老人，会在睫毛上涂上白色粉霜，从这里我们就可以看出，眼睫毛还可以左右我们的年龄。

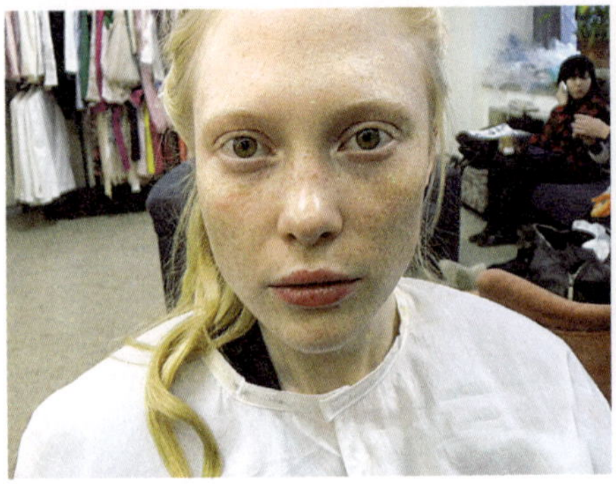

一支睫毛膏就让她的脸顿时焕发了光彩。

职业的关系使得我有很多给外籍模特化妆的机会。从头到脚的毛发都是金色的北欧籍模特，连眉毛都是金色的。如果给她们涂上黑睫毛膏，感觉就像立马变了个人。相较于拥有黑色毛发的东方人，给毛色浅的西方人涂上黑睫毛膏，不是为了让她们的睫毛看起来更加修长，而是为了突出脸部。在看外国电视剧的时候，大家也许会发现，外国的女人经常会时不时地拿出睫毛膏来给自己的眼睫毛进行修补，就像韩国女人经常涂抹口红一样。这也不难看出，她们为了那有润泽的黑亮睫毛，是花了不少心思的。

据说在公元前的埃及，也有类似的化妆道具。具有魅惑性的7厘米弧度，是不是超越了时代的美呢？睫毛膏在涂抹的过程中，上面的细小碎屑可能会沾得到处都是，而且在清理时也比较麻烦，有的产品还会对眼睛有刺激，所以，很多人可能会忽略睫毛膏的使用。但是，就像穿超低腰牛仔裤时一定要穿细高跟鞋一样，如果化了精致的妆容，但是却没有涂抹睫毛膏，这绝对是不合时宜的。

短的比长的好？

就算是再长的睫毛，如果没有美丽的弧度，杂乱不堪，还不如干脆就放弃睫毛膏。我们一般为了要让睫毛显得更长，会在睫毛的末端集中涂抹。这就促使了睫毛的末端比睫毛的根部更沉，从而使睫毛下垂，并且弄不好就会丝丝相连。所以，最好是用睫毛夹固定住线条，然后用睫毛刷把睫毛膏均匀地涂抹在睫毛上。这样做，可以让你的眼睛显得更大更明亮。

一定要记住，所有男人对女性的线条都是非常关注的。不仅是颈部和腰部的曲线，甚至是微细的足部线条和睫毛弧度，也是至关重要的。想象一下，一个美丽女人纤细的手上握着黑色的葡萄酒杯，并轻触在嘴唇上，如果能够为这样的场景起到画龙点睛作用的，就非翘起的颀长睫毛莫属了。

跟着我画睫毛

1. 先用刷子刷好睫毛。如果睫毛不整齐，就使用睫毛夹固定，到最后也会导致杂乱的效果，所以，这个阶段一定要将睫毛梳理整齐。

2. 如果没有睫毛夹这个道具，还不如干脆放弃涂睫毛膏。因为就算睫毛再长，如果像一字形一样没有弧度，那么，就完全没有美感可言。使用睫毛夹的时候，要从睫毛根部开始夹，并要重复多次，这样才能达到持续向上弯曲的效果。但是，如果夹得太过用力，就会给人边缘翻起的错觉，所以，一定要注意力度。

3. 涂睫毛膏时，要从睫毛的根部开始涂起，沿着睫毛末端的方向涂三分之一，然后等睫毛膏干了之后，再均匀地涂抹整个睫毛。这样做可以加固睫毛根部的硬度，一整天都不会塌下来。

4. 涂完睫毛膏之后，用手指往上面的方向轻轻地扫。这样做，可以清除睫毛膏中多余的化学成分。

多样的睫毛膏种类

梳子形态的睫毛刷，其最大优点是能够像梳子梳理头发一样方便地理顺睫毛，睫毛根部也可以刷得很整齐。如果能够对睫毛的根部做到细致的处理，就像是文了眼线一样，上睫毛的曲线会完美地呈现出来。如果睫毛膏刷得过多，也不必担心，只要继续再重复地刷几次，就能打造出像王冠一样的美丽睫毛。

在涂抹下睫毛的时候，适合用细长的睫毛刷。因为厚的睫毛刷在涂下睫毛的时候，会很容易将膏粉沾到脸上，以至于毁掉刚化的妆容。一般人都会忽略下睫毛，但是，如果想让眼睛看起来更大，能散发出更加迷人的诱惑力，下睫毛是无论如何不能忽视的。

如果想看起来更加性感，就要使用刷毛直径大的睫毛膏。把蘸有睫毛膏的刷毛在空中甩几下，水分很容易挥发掉，所以，涂抹出来的效果会更有浓度。但由于这样的方法容易使许多根睫毛被拢成一根，所以，睫毛少的人不适宜这样涂抹。

防水睫毛膏不仅适用于游泳池或是海边，如果使用完睫毛夹之后，睫毛还是容易下垂，那么防水睫毛膏会帮你解决这个麻烦。睫毛膏的价格从几十元到几百元各有不同，但是，知名的化妆师们都比较喜欢使用“资生堂”的睫毛膏。

我要在这里强调的是，睫毛夹中的橡胶条的复原能力如果变差，可能就会使得眼皮被夹，或是睫毛断掉，所以，一定要经常更换。即便是用最高级的睫毛膏也不能省略这个过程，要不然还不如不涂。在夹睫毛的时候，一定要沿着从根部到末端的方向进行多次的重复，这样才能形成柔软的线条。为了在瞬间完成卷翘的效果，可以用打火机燎一下睫毛夹紧贴着睫毛的部位，但一定要先用手试一下夹子的温度，否则烫到自己的眼皮可不是一件好受的事，所以，一定要小心。

还有一种美睫工具叫“睫毛刷”。顾名思义，就是梳理睫毛的梳子。当睫毛凝结在一起的时候，可以用这个刷子把睫毛梳得整整齐齐。如果睫毛膏涂多了，还可以用它把多余的睫毛膏梳出来。

1. 型号大的睫毛夹。
2. 型号小的睫毛夹。
3. 睫毛纠结在一起时，用来梳开的道具。

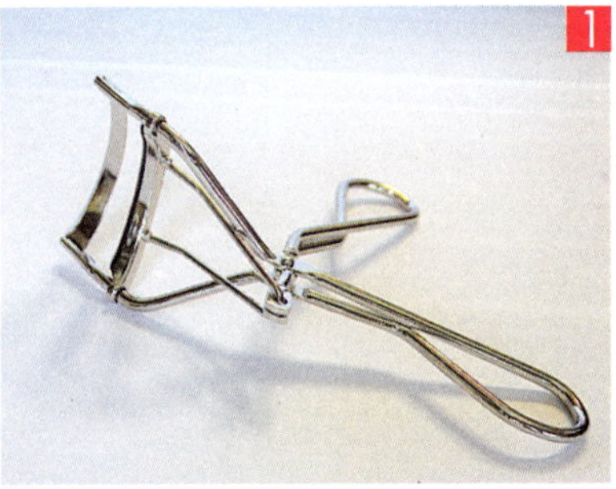

1

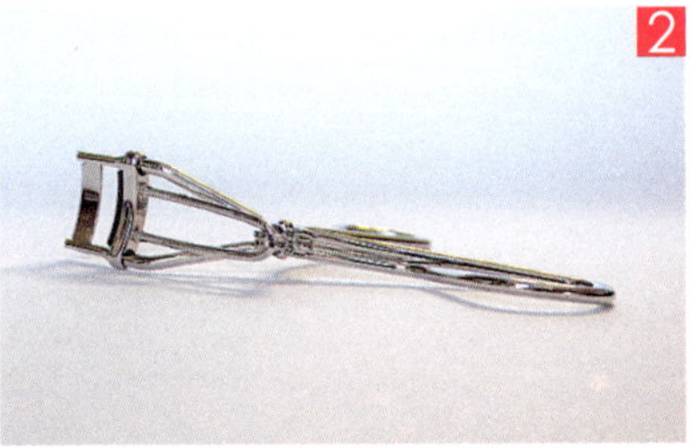

2

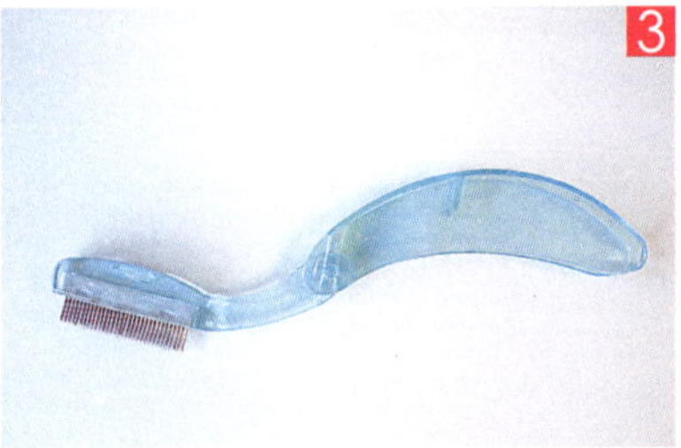

3

成为派对上的 女王

说起“派对”，大家可能会觉得离自己有些遥远，只能在电视剧或是电影中看到。但是，从事我这一行，却时常要参加各式各样的派对。例如各企业的品牌或是产品的发布派对、杂志社的创刊派对、带有公益性的抗击乳腺癌派对，抑或是各类名义的慈善派对等等。我之所以参加这么多的派对，自然都是因为工作的缘故，但是，一般人也会在平常参加很多形式的聚会。如婴儿送礼会（baby shower）、乔迁派对、生日派对、结婚宴等等。虽然，在西方派对中的穿衣规范和礼仪都融入到了我们的生活中，但是，在我们周边还是经常可以看见与派对的性质“格格不入”的着装。

纵观在派对或是聚会中失败的案例，可以将其分成两个极端。一种是因为过于庄重的装扮，让人不由得皱起眉头的一类人；另一种是因为完全没有进行任何装扮，给人毫无诚意之感的一类人。究竟要经过多少努力和失败，才能在何时何地都展现出自己完美的一面呢？如果想要成为干练的派对达人，就需要先留意一些事情。

首先，派对的性质和场地、场地的周边环境、谁是派对主办人、会有哪些特殊嘉宾光临这个派对等等，这些都是事先要调查清楚的。如果没有了解到这些情报就盲目出席派对，可能就会因为自己的疏忽而破坏了整个派对的气氛。想要成为派对的闪光点，被人瞩目，这都是人之常情，但是，如果“明显”到让其他人都看出了你这种意图，那么，在那一瞬间你就失去了特殊的美，成为别人窃窃私语，甚至是讥笑嘲讽的对象。

“不应该是这样啊！”给人这种感觉的就是过分打扮的类型。穿上满是蕾丝或是闪光亮片的公主裙，把头烫成大波浪，而刘海则烫成了像弹簧一样的小卷儿，眼皮上粘上人造假睫毛，脸上抹得亮晶晶，从头到脚好像都撒上了闪粉。

我在雅诗兰黛企业任首席化妆师的时候，曾参加过从公司旗下的芭比·布朗等总公司营业团队到地方百货店卖场职员的年末派对，她们一个个浓妆艳抹，从脸到身体，涂得厚厚一层，以至于过了几天，我还要没事抖一抖衣服上的闪粉。平时在职场里那种职场女性的形象荡然无存，剩下的只是让人哑然失色的“星星公主”。

那么，怎样做才会变得既优雅又耀眼，还给人自然的感觉呢?

想成为干练的派对达人吗?

窥探高手们的秘密

在派对或是聚会中，黑色始终是时尚达人最钟爱的颜色。虽说接触每个系列的形形色色的衣服是我的工作，但是，在正式场合，总是要以简约的黑色为主。为了不被人们议论，躲避风头，时尚达人们最常选择的就是黑色。现在，我就以我的专业——化妆为基础，进行一番说明。

想让眼睛看起来更加炯炯有神，就要忽略皮肤和色调，打造一种帅气、利落的风格。我曾出席过10

在“时尚人之夜”遇见的宋景雅和张允珠。

Corso Como在首尔举办的发布会。在那场发布会的现场，演员李慧英穿着简约的连衣裙，背后披着及肩的黑色直发，嘴唇上涂抹着与黑发形成鲜明对比的紫丁香色口红，展现出了一种高雅且富有内涵的完美造型。

时尚达人徐恩英又是怎样做的呢？在时尚偶像颁奖礼上看见她时，她穿着复古的黑色两件套，脖子上戴着大串的珍珠项链，画着黑黑的眼线，显示出一副凌驾于一般女演员之上的高贵气质。模特儿宋景雅喜欢鲜绿色或是黑色的衣装，这时她为了突显自己雪白的肌肤，而特地抹上了红色的口红，这样的装扮让在场的观众惊艳不已。

口红的颜色或是修长的眼线，就能让你成为完美的派对主人公，我想，这就是化妆的威力吧。

绝对不要露出在化妆台前待了半个小时以上的神色

女人除了结婚的那天之外，就不要在化妆台前一坐就坐上几个小时，这很容易给人“不化妆我就出不了门”的印象。从渐变式的眼影到口红，然后在嘴唇的中间部位滴上珠光唇膏，如此面面俱到的装扮，其结果是，看起来就像百货店化妆品卖场的售货人员。所以，根据自己的判断，忽略其中的一两种，给人留下“略有不足”的感觉，这才是老练的化妆技巧。

这时要记住的是，妆容的完成度越高，越会给人年纪大的感觉。看高贤贞和金惠秀在90年代拍摄的照片，就会发现，现在的她们看起来更加年轻。其中最主要的原因是，那个时期她们的化妆太过“无懈可击”。涂得厚厚的粉底、根据脸型使用的明暗法、正确地使用三种以上颜色的渐变式眼影，从这样的面孔中，我们可以轻易地看出煞费苦心的化妆者所付出的努力，但是，这样的妆容反而会给我们假面一样不自然的印象。

想化出百看不厌、又给人丰富感觉的妆容，就需要适当地调节技巧。例如，整体的色调是强烈的，那么，嘴唇就可以用淡色的润唇膏；如果化的是烟熏妆，那么，眉毛就只需轻轻地简单描摹一番即可，重点是表现出强烈的对比感。想要让眼睛、嘴唇和脸蛋都表现得面面俱到，可能就会产生反效果，显得缺乏自然的美感。

妆容化得很精致，发型就要简单一点

让我们看一看出现在奥斯卡金像奖颁奖礼红地毯上的演员们的姿态吧。她们登场之前，得到了最棒的发型师和化妆师、设计师的帮助。为了那一天的到来，从数个月之前就开始减肥，接受按摩，从一周之前开始，降低盐的摄入量。付出了那么多的精力和财力，花费了那么久的时间，为的就是在步入红地毯时，展现出自己最好的状态。观众对她们的华贵与典雅报以热烈的掌声和发自内心的赞叹，而这些星光闪耀的明星们，正是在发型和妆容，以及衣着的完美搭配下，才收获了人们艳羡的目光。

就算脖子上戴着昂贵的宝格丽珠宝，发型也要选择休闲、自然的样式，就像刚从超市回来一样。如果你没有像妮可·基德曼那不带丝毫误差地表现出优雅的精髓，就要转向像卡梅隆·迪亚兹那样自然、酷酷的风格，这样失败的概率会大大降低。就像选择卡罗琳娜·海莱娜典雅连衣裙的芮妮·齐薇格一样，不失平时模样，看起来没有一点想成为其他人的痕迹，这才是成功的妆容，自然到好像随时会说："派对吗？知道了。我马上就去……"

穿得越郑重，发型和妆容就要越自然

每到年末，演艺圈里的艺人们在各种颁奖仪式上的造型，往往会成为一段时间内大众批判的对象。但仔细一研究就会发现，这些造型并不能直接反映出当事人的时尚品位。从大轿车上走出来，脸上堆着灿烂的笑容，并优雅地摆着手臂的她们，穿的只不过是赞助公司所指定的服饰。为达到宣传效果，明星营销和造型师的搭配感觉被完完全全地局限住了，以有限的材料为基础，她们的那身造型似乎还算是说得过去的。

影响力大的艺人，可以先选择要穿的衣服。而有的大明星直到颁奖礼的前一天还在犹豫自己要穿什么，因为受到这些"大牌"的影响，有的普通的演员直到颁奖礼前一天都不知道自己要穿什么衣服出席颁奖礼。出于这样和那样的原因，我们会发现，没有专业人士指导的新人或是小明星的造型会出现种种问题。应该要登上歌剧院舞台的过于华丽的衣装，理应出现在结婚宴上的盘发和精致无比的妆容，都时时会在她们身上出现，会让人觉得，她是独享奢侈生活的贵妇人。当穿上雍容华贵的礼服时，你是否觉得选择一个慵懒发型是更恰当的选择呢？

最耀眼的饰品是皮肤

只要拥有健康、具有光泽的皮肤就够了。除此之外，还需要什么其他东西呢？为了吸引别人的注意力，把脸涂得花花绿绿，再贴上特大号的假睫毛，纵使做这么多努力，也还是赢不了那些拥有着光洁皮肤的美人们。即便穿上了价格不菲的礼服，把头发盘得再怎么精致，但是，想要给人小公主般的年轻感觉，最重要的还是清新的妆容。

想通过闪烁的闪粉来吸引众人视线的想法是愚蠢的。没有一个男人会喜欢全身亮晶晶，还时不时地

在自己的衣服上掉落闪粉颗粒的女人。况且，在没有照明衬托的情况下，闪粉会和汗水粘在一起，看起来就像是雀斑。与其如此，还不如专注于光滑的皮肤效果。像卡其或是缎子一样光滑的色泽不是比闪闪发光的闪粉更加迷人吗？

打造出光滑感觉的成功妆容。

打造完美光滑效果的诀窍

在化妆之前，要先去除角质，再供给充足的水分。做好保湿工作，再涂抹上有油分的乳液，只有这样，定妆粉才能很好地晕开。用定妆粉涂抹好基本的绸缎色妆容之后，脸部的立体感会更明显地展现出来。

这时，额头和鼻翼上只需摁压少量的粉，因为弄不好会让人认为是汗或是皮脂。剩下的部分则不需要过多的装饰，让其看起来更加光滑即可。

把粉色系的具有饱满感的腮红涂在颧骨中央，然后，在靠近耳朵的部位，用暗色的浅褐色或是自然的青铜色进行着色处理，这样可以让脸部线条更清晰明显。涂上防水睫毛膏，在眼皮上轻轻点缀金色系口红，那么，湿润而又散发迷人光芒的眼部妆容就大功告成。为了避免给人油腻的感觉，最好使用质感轻柔的口红，而不要使用油腻的润唇膏。

巴黎、东京、纽约，还有首尔

旅行过程中不可或缺的快乐之一，就是坐在城市繁华地带的一家露天咖啡厅里，然后就着当地风和日丽的天气欣赏那些街头的时尚人群。比起为了游览旅游指南里介绍的名胜古迹东奔西跑，悠闲地喝着一杯咖啡，感受那座城市的气氛，才应该称得上是旅行的真谛吧！

伦敦街头的女人们到底每天早上是怎么完成她们那些古怪的发型的呢，她们让我感受到了一个活力充沛的伦敦；在优雅闲适的巴黎法布街，身处这个达官贵人的聚集地，你随时便可以看到身穿由皮埃尔·巴尔曼最新设计的迪斯科靓装的时尚女郎；而那些裹着羊绒衫和毛皮，好像在美发沙龙刚刚进行过护理一样的曼哈顿上城奶奶队伍，即便她们已是一头白发，但她们的时尚品位也不落于任何年轻人的后尘，她们对我来说是一本“活教材”。

另外，在日本坐地铁去原宿的路上，我见到了一个身穿雪白蕾丝礼服，手里拿着白色天鹅玩具的cosplay打扮的少女，涂抹夸张粉色腮红的BABY DOLL装扮超越了化妆师的有限技术，这种失真的形象给人一种浑然天成、自然优雅的视觉感受。最近在韩国弘大和狎鸥亭也能经常见到不跟随主流，又非常富有个性的人群。星期六早上晚点起床后，一边吃着早午餐，一边欣赏清潭洞的时尚潮流人群也是一件蛮有情趣的事情。

每座城市都有着专属于自己的特色风情，这些独特的风情互相混合，互相借鉴模仿，从中诞生出了另一种富有创意的流行趋势。最近，我们也可以在电视中看到摄影师一整天都像狗仔队一样，时刻跟着某一位明星或者时尚达人，拍摄他们一天生活的实录真人秀节目。杂志上狗仔队偷拍的明星装扮，以及分享世界著名潮流人士的街拍时尚信息网站，也聚积了越来越火爆的人气，从这一系列现象中可以看出，流行的文化不仅仅是在T台上根据著名设计师打造出来的，而是在街头上自然衍生的。

看似不经意，但又无处不散发着潮流气息的法国时尚之都——巴黎

稍显凌乱蓬松的头发，苍白的皮肤，黑色眼线粗略勾勒下的迷人目光，这是法国女人较为典型的形象特征。她们不管是穿着艺术大师设计的昂贵展示品，还是披着巴黎世家的风衣，都会避免浓妆艳抹。即使是身着在法国当地定制的高级晚装，也不会对头发和面庞进行刻意的修饰，即便如此，她们依然还是会用个人脱俗的气质与独特的品位，来使每一件华丽的衣裳展现出淋漓尽致的美感。法国女人不仅不会用化妆品来掩盖稍稍有些晒黑的皮肤以及两腮的雀斑，而且更是把韩国女人最畏惧的眼袋当成是一种魅力。

有一次，忘记了是因出差还是为了专门拍摄去了一趟巴黎。那一次，让我大开眼界的并不是巴黎乃至整个法国为之骄傲的艾菲尔铁塔或卢浮宫，而是可以感受到这种巴黎人的法式时尚风格的巴黎法布街。坐在路边咖啡厅的时候，我对她们这种“不经意地装扮”进行了一番研究，我发现她们的装扮看似完全没有经过细致的处理，但仔细观察你会发现，在这粗枝大叶的妆容下，呼之欲出的是令人艳羡不已的魅力元素。首先，她们平时非常喜欢黑色烟熏妆。在化这种黑色烟熏妆时，要让妆容体现出自然散开的自由感觉，而且还要有一种由于没有洗净脸，让眼睛周围呈现出未经细致描画的黑色阴影。

在韩国，一到春天，淡色系就会成为当季的主打颜色；而到秋季时，反反复复的永远都是金色系，这些颜色好像对法国人没有太大的吸引力。她们在脸上不会涂抹多种亮粉，而是仅仅使用少量的粉底霜，使皮肤尽量显得自然。即使能看出皮肤上的瑕疵，也不会抹既不透气、看起来又过于浓重的修颜隔离霜。她们不顾流行趋势，只坚持自身特有的风格。

这与喜欢张扬的美国风格完全形成对比。一些法国的女演员就是如此，像夏洛特·甘斯布和露·杜瓦隆那参差不齐的牙齿，看起来像有半年没有去理发店一样的凌乱发型。这种形象与在街头上偶然被拍到的照片，或者在戛纳电影节的红地毯上的形象没有什么太大的差别。她们与注重细节、对衣着打扮一丝不苟的好莱坞风格，连脚后跟都不放过的化妆女王詹妮弗·洛佩兹完全是天壤之别。虽然巴黎女人不经常改变化妆的方式，但是她们拥有着代表自己的风格，熟知关于美的大量信息，准确地掌握着适合自己的时尚元素，可以说巴黎女人是聪明绝顶的。

对美丽进行各种实验和挑战的都市——东京

东京有当地特有的风格。即使他们不去喊“这就是我的风格”，也依然会引起其他国家时尚领域的密切关注。东京的风格从化妆、发型、时装中可以得知这样一点，流行不是从东京开始，但流行的终点是东京。他们通过自己的审美观将潮流进行左拼右贴，然后再输出，这就是他们独有的特技。欧洲和美国对日本把他们自己的服装拿回去，然后修饰修饰就称作是日本的潮流这一现象深表惊讶。

这是世界上最灵活的市场，不管是多么稀奇古怪的风格都会接受，并且轻松地消化掉；不论是英国的还是美国的，随心所欲地进行加工之后，诞生出国籍不明的风格；拥有着超强消化能力的都市，这就是人们对于东京的评价。虽然是一个非常重视流行趋势的都市，但是翻开日本旧杂志的话，可以感受到曾经的年代仍旧维持着与现在没有多大差别的一贯风格。虽然shaggy cut发型和打造红扑扑脸颊的腮红还可以再流行几年，不过20年前当我还是高中生的时候，喜欢看的《Non-No》杂志里那种被风吹乱一样的风格，到现在也没有多大的变化，这真叫人惊叹不已。

不管人们怎么评价日本，它依然是一个时尚强国。每月都会发行数不胜数的以时尚为主题的杂志，而且讲述时尚达人、专家们的琐碎日常的书籍也在书店的柜台上占据了一片不小的区域，并且经常成为当季的畅销书。去美妆店的话，你会看到里面陈列的许许多多稀奇古怪、让人看上去不明所以的商品，在第一次看到这些商品的时候，我心中不由地疑惑，这些产品真的能得到大众的爱戴吗？而且同一功能的商品会在同领域各企业间的激烈竞争下，以各种形态纷纷亮相。例如，治疗痣、雀斑的药丸，多达数十种的胶原蛋白。女人的营养剂也是数不胜数。

因此，日本的百货店由于摆设商品的空间不足，没有橱窗和柜台之分，直接从入口开始，便堆满了形形色色的商品。下班高峰期可以经常目睹美妆店排成长长的一条龙正等待结账的场景。在韩国，估计一百年也很难遇上一回为购买洗发水或刮胡刀而排长龙的场面。如此看来，日本的美妆店就是对美丽进行各种实验和挑战的地方。

将各种风格完美结合的都市——纽约

纽约人的形象在各类媒体上所显现的，是一种卡尔文·克莱因的极简主义风格，套装搭配纽巴伦运动鞋的风格，化着看似清澈透明的裸妆，嘴上涂抹的是天然有机润唇膏。不过，当我第一次去纽约的时候，才知道这些并不是事实。来自世界上不同国家的各色阶层、各类人种拥进纽约这个熔炉中慢慢熔化，从而酿制出形态各异的风格。

化妆也不例外，从时尚前卫的主流装扮的类型，到黑人或拉丁系女性们用鲜艳华丽的色泽和珠宝来强调自身黝黑发亮的皮肤，这绝对不是极简主义风格。东方女性也不例外，她们大胆地抹着褐色口红，化着一般被认为肤浅的蓝色烟熏妆，展现着坚韧性感的形象。没有化妆的女性，只是在纽约中央公园晨跑或者跳蚤市场里的罗马尼亚籍的老太太而已。

我从她们身上真正体会到了享受化妆的灵动生活，她们会不辞辛劳地长时间排在化妆品综合百货店的柜台前。纽约就是这种不断介绍新的美，并流行一段时间后，会悄然消失的充满活力的都市。著名的皮肤科医生们明争暗斗般地不断推出新型药妆；得到异常挑剔的机关所认证的有机化妆品会畅销一时；以某一时尚达人的名字命名的香水，只有在申请名单上申请才有机会弄到手。纽约真是一个有意思的地方。

吸收流行趋势的速度排在世界第一位的都市——首尔

首尔有很多皮肤美人。我的日本朋友们都说韩国女性的皮肤怎么个个都那么好，她们既感到惊讶又非常好奇。她们对韩国特有的美容法非常感兴趣，而且分析可能是因为韩国人喜欢吃辣的食物皮肤才会那么好，或许是因为韩国的桑拿文化等。由于受韩剧的影响，东南亚国家的人们对韩国艺人的皮肤和成熟自然的装扮赞不绝口。

首尔绝对是一座不亚于世界任何城市的时尚之都，而且这里云集了所有关于美的信息和流行商品。我觉得从接受世界流行趋势的速度而言，首尔应该会是世界第一。长久以来，只要某一种产品在其他地区畅销，一周之内将会迅速传播并覆盖到整个首尔。我想起了在电视剧《爱人》中扮演出轨已婚女的黄信慧戴的那条钥匙形状吊坠项链，就连在地方公交站卖东西的大婶都戴上了这种项链，可想而知当时那条项链的人气有多旺。并且，金喜善的发卡也是如此，她的发卡催生出了无数的仿造品，让东大门的商人大赚了一笔。也没有什么特别之处的一个普普通通的发卡，就因为在明星的头上凝聚的光芒让产品得到畅销。

在化妆品上也有同样的现象。沈银河代言的诱惑冰烟熏口红，在现在的人看来即使抹在眼睛上都会觉得很恐怖的像煤灰一样的颜色，不过在当时，却是一种让全国追求时尚的女士狂热追捧的产品。从十多年前李英爱的深棕色口红开始，到全智贤的柔彩润唇膏、徐仁英的草莓牛奶粉色口红，这些颜色各异的口红都在明星效应的影响下很快得到了众多韩国人的青睐。

因此，街头上的那些女士总是会打扮成同一种风格，假如有个别人的装扮稍微与大多数群众有所不同，就会被视为怪胎。走在时尚的前线，对流行趋势异常敏感的现象，让首尔这座城市充满了成熟时尚的魅力。但是以魔法小仙女的装扮毫无顾虑地乘坐地铁去原宿的cosplay一族，在首尔却是不太常见的，东京那些大胆地招摇过市的cosplayer有的时候还真是让人佩服。

1、2 用黑色眼线笔大略地勾勒，展现出慵懒、纯粹的眼部特质，这是法国女人的典型装扮。

3、4 身着极简主义风格的套装，不讲求浓重粉脂的裸妆是纽约时尚女郎的特点。

5、6 即使不向人们大声喊：“这就是我的风格！”也能一目了然地表现其张扬个性的东京装扮。

享受城市生活

在游览巴黎、伦敦、纽约这样的国际大都市时，不可缺少的一个环节就是到当地繁华地带的咖啡厅或者俱乐部，体会那里的氛围。去巴黎的话，相信谁都不会放弃到艾菲尔铁塔和卢浮宫走上一遭的机会；而到了纽约，纽约第五大道和苏荷将会是不二的选择，想脱离这种观光者的视线，体验生活在那座城市的居民们的真实生活面貌，事先要涉猎当地人们的“秘密联络处”。受到全世界女性热捧的《欲望都市》中那片纽约繁华地区，之所以会成为旅游景点，就是因为游人们对寻访当地新鲜文化充满了热情。

不过，来到这里游玩的人们并不想被当做是从外国初来乍到的旅客。在结束一周忙碌的工作之后，纽约的市民会在周末的晚上对自己进行一番精心的打扮，俊男美女们聚集、行走于街头，形成了一道靓丽的风景线。而相较于这些人手里提着的小小手提包，你若是背着沉重的旅行背包，脚上穿的也不是华丽的高跟鞋，而是软塌塌的平底鞋，那么，你环顾一下四周，就会发现自己是多么的突兀。像这样在流行中只追求舒适的话，与乘坐灰狗巴士（纽约观光用双层巴士），来消磨假日时光的老年夫妇没有什么区别。

我的朋友是ILLustrator软件服装设计师，她每次到国外去，总会化一些平时不敢化、觉得太过出挑的妆容，而且所穿的服装也是如此。因为那里没有认识的人，况且那里的人们也十分尊重他人的风格，所以她会变成一个完全的自由人。虽然还不太会化妆，但也会大胆尝试，比如把眼影涂得很黑很黑，而下面只穿一条连裤袜等。在国内时，由于对周围眼光的顾虑，没能尝试过的奇异妆容和着装，一旦到了国外，就可以尽情地展现于人们眼前。

纽约是一座值得称赞的城市。如果有人涂抹蓝光铮亮的眼影走进丝芙兰的话，一定会被人问道："哇！太棒了，你的眼影是在哪里买的？"况且，不管做多么夸张绚丽的美甲，与盖普（GAP）大卖场的黑人店员相比的话，都只不过是小巫见大巫。无论是多么醒目另类的风格，绝对不会引起他人的嘲笑或是窃窃私语。香水也可以尽情地想喷多少就喷多少。在阿贝克隆比&费奇卖场的方圆50平方米内，香水的香气扑鼻，这好歹也比闻蒜味强多了吧?

我有幸与顶级模特宋京雅去过一次纽约，这位非常会打扮的时尚Model，到了纽约就变得更活跃了。看到令她喜欢的流行风尚，她不会悄悄地假装视若无睹地偷窥，而是情不自禁地对其发表感叹和赞扬，在这座让她欣喜若狂的繁华都市，她的银行卡终于有了用武之地。一天换两次衣服，白天和夜间会化不同的妆，从吃早餐开始，到夜间泡吧，几乎在每一个瞬间，她都在愉快地享受着纽约的生活。

可以尽情购物的白天

在购物时，对心仪的衣服难免要多试穿几次，因此可以省略妆前底霜。脸上若是有痘痘或斑痕，自然地露出来倒也有一种朴实无华的气质。但不要忘记清淡的眼部烟熏妆和用眼影提亮肤色。在韩国销量非常低的古铜粉，在纽约则是打造城市风尚美的必需品。在涂抹完隔离霜之后，用具有亮泽感的底妆打造健康的肤色，为了呈现出一种由于四季晨跑而有轻度晒黑的效果，在颧骨和额头、鼻头搽上淡淡的古铜粉，然后再用黑色的眼线笔对眼部进行一番简单的修饰。若是想要强调东方女性的神秘感，这样的装束会让你在人群之中成为夺目的焦点。

出行时为了缩小旅行包的体积，人们通常不会携带很多打理头发的工具，所以在国外，随时都可以看见人们用有帽檐的帽子来解决头发的问题。在国外戴棒球帽，扎着头发的女性，不用问百分之百都是韩国女性。如果去一些类似于纽约这样拥有诸多豪华美发沙龙的大都市，就应该支付适当的费用，体验一回那里的最新发型以及造型师们的专业服务。不是也有刻意乘坐飞机来纽约的奥普拉·温弗瑞一样的人嘛！如果没时间做头发的话，我建议大家扎一个苹果头，或者直接扎一个高辫。由衷地希望克制一下小肠发圈和镶钻的发卡……

浪漫气氛浓郁的夜晚

不论是白天还是黑夜，一定要化眼部烟熏妆。西方人认为东方人的眼部烟熏妆非常有魅力。如果是一位有着黑色的长直发、用眼线笔打造出细长的眼角、穿着黑色小礼服的东方女性的话，可以轻松地压倒在场金发飘飘的八头身美女。在韩国，化眼部烟熏妆时，一般会搭配裸唇妆。虽然这种妆容非常时尚，但是以这种装扮参加宴会的话，只能得到女性们的好评。比起裸唇妆，像番茄色珠光润唇膏，或者红棕色润唇膏可以让黄种人的皮肤显得格外性感。比起粉红色系的腮红，用带有亮泽感的金棕色腮红能让颧骨表现出更突出的立体感，还有绝对不能忘记在身上洒一些像Creed香水那样的麝香系香水。纽约和伦敦是玩转时尚的高手云集之地。不要想在众人面前炫耀自己，与他们自然地融合才是明智的选择。想通过特别夸张的装扮引人瞩目的想法反而会适得其反，说不定连平时的水平都发挥不出来。一定要记住，充满自信的眼神才是最有力的诱惑武器。Love Style

发生在巴厘的故事

虽然我旅行的目的是让身心疲惫的自己能够好好地放松一下，但是向往美丽的心和对时尚的渴望却让我一刻都不愿停下来。当与自己认为命中注定的另一半偶然相见时，可能觉得毫无防备状态下的自己模样十分狼狈。当你还在心里后悔没有对自己的形象稍加修饰，没有给对方留下好印象时，那个人或许已经悄然地离开了。机会是留给努力保养自己，精心打扮自己的人的。因此，不要对周围的视线过于敏感。当你打扮自己不是为他人，而是真正为自己时，说明你已经开始懂得了对自己的关爱。

这是前不久我去巴厘摄影的时候发生的事情。摄影结束后，夜晚时分，全体工作人员一起去了当地著名的俱乐部。那天我没有做任何准备，只穿着牛仔裤和人字拖，然而没有化妆的竹笠，却因疲惫显得十分狼狈，于是我便从用来摄影的服装中选择了一些用品，迅速地修饰了一下她的造型。她穿上之后，全体工作人员看到她焕然一新的模样十分惊讶，发出了一阵阵的感叹声。

她露出了一直隐藏着的迷人的乳沟，而且她那优美的曲线散发出了无限魅力，招来了男工作人员灼热的目光。看到她在俱乐部与一群男性们谈得热火朝天，玩得非常开心的样子，心中不由地为其他由于不会打扮自己而错过人生中快乐时光的女人感到惋惜。在我周围这种类似的例子也不少。向大家公开一下模特林霜晓的“灰姑娘”故事，她与洪真京和张润珠等其他的模特一起去巴黎有名的俱乐部时，遇见了身为泰国皇族的现任丈夫，后来她为参加自己婚礼的韩国友人提供了飞机票和住宿费用等，举行了超豪华的婚礼。

她那传奇的姻缘一时成为了人们谈论的焦点。她的性格平时比较稳重，着装端庄大方，是一个比较追求完美的人。如果第二天一大清早有摄影的话，她为了妆容自然，会在头一天接受面部按摩，还会去护甲，时刻保持完美的形象。她平时的装扮并不是模特特有的街拍风格，而是以稳重的淑女风格的着装“时刻准备作战”。她说，也许是自己的这种职业意识打动了自己的王子。

我们谁都不知道会在何时何地遇见自己的另一半。即使是在休闲地度假，也不要以毫无防备的面孔享受风光，用适当的防水妆打造充满活力和活泼的妆容，能够展现出充满自信的形象。

海滩各自的特色

世界上有很多我们一生也难以走遍的美丽海滩，其风格之迥异也是让人心旷神怡。这些地方也是有时尚品位的富人阶层们最乐意去的度假胜地。像汉普顿海滩这样的地方，不适合像詹妮弗·洛佩兹一样的华丽风格加上闪烁的妆容。而像詹妮弗·安妮斯顿和格温妮丝·帕特洛那种优雅的稍稍有些晒黑的皮肤，配上成熟男士风格的黑色短裤装扮和自然的裸妆，才是适合那一风景的画面。

在汉普顿海边只抹隔离霜和润唇膏的轻妆面容，手拿矿泉水瓶，奔跑在海边沙滩上，也会像在水里玩耍一样享受充分的乐趣。并且，不分昼夜和场所，用音乐和舞蹈举行派对，涂上黑色眼部烟熏妆，在这里晒出一身光滑发亮古铜色皮肤，将会成为享受悠闲假日时光的必要充分条件。这里是一个即使抹着浓烈且具有光泽的口红、金色珍珠光鱼体油也觉得毫不夸张的地方。因此，伊维萨海边的气氛因形态迥异的各色装扮而具有了更多的魅力，来到这里，相信一定会给你留下一段难忘的美好回忆。

在悠闲度假时，把自身价值发挥得更加淋漓尽致的化妆品

晒黑妆的绝对强者——金色眼影

皮肤白的人适当使用的话，可以打造出宴会妆效果的颜色就是金色。像以前那样故意晒出黝黑发亮的皮肤，或者以化妆打造全身晒黑效果的时代早已经过去了。稍微抹宽一些玫瑰金色腮红的话，可以完成非常自然的古铜色底妆。如果想省略底妆，也可以用手指在脸上均匀地涂抹一些霜状腮红。眼影用颜色稍微重一些的古铜色，或者略带有橄榄绿的金色，用深咖啡色眼线笔描完了眼线之后，再用棉棒轻轻地涂抹均匀，这样可以让眼睛和脸颊在色调上协调起来，脸部会显现出轻微晒黑的效果。但嘴唇一定要

用润唇膏涂抹出湿润的效果，使妆容甩掉沉闷气息。

享受色彩鲜艳的重点彩妆

如果你也曾因一时冲动而买下颜色靓丽的彩妆，但买回来之后，又只是放置在化妆台的抽屉里，始终没有机会用，那么，用颜色彩妆的机会这就来了。不管是多么靓丽的色泽，在有着大海的度假地都会显得自然协调。在我们的身心沉浸在海洋所赐予的自由中时，完全没有必要畏畏缩缩，可以尽情地去尝试各种妆容。润唇膏可以选择像果汁一样的甜美颜色，清凉的海洋色或民族风格的金色眼影也不错，或者可以尝试一下在乘务员眼睑上闪烁的天蓝色眼影。想用各种颜色的化妆品给妆容增添层次感，但又怕热，而且带去的行李又比较多的话，用一种醒目的颜色，打造简单的妆容也是一个蛮不错的选择。像用手指轻轻一抹即可的霜状腮红，既携带方便，又可以随时随地补妆，相信它是你出外旅行时的最佳选择。

比起彩妆，不妨试试用指甲油来做一些点缀

非常精心化的浓妆兴许会给人们一种这人不是来度假，而是来“钓男人”的印象。并且，为了时刻检查自己的妆有没有花，镜子自然时刻不能离手，这样的举动肯定又会被周围人们指指点点。这时，可以好好地炫耀一下抹了亮粉指甲油、镶上水钻的亮丽指甲。可以用冰蓝色系的指甲油来实现清凉畅快的感觉，与粉色或鲜橙色系的口红搭配也很有趣。这种鲜艳的颜色除了在旅游的时候，平常还能有多少机会尝试呢？

脚趾甲的颜色与泳衣或者凉拖进行搭配比较好。图案和颜色比较复杂的服装中，当白色所占比重较大时，就涂抹白色；如果是红色点状花纹的话，就涂一些红色的甲油。但蓝色比基尼搭配蓝色脚趾甲油的事情绝对不可以发生。在穿单色比基尼时，大胆地涂抹互补色，会使整体的感觉更加生动。

在城市生活中格格不入的糖果色，在度假胜地展现了其活泼、甜美、生动的魅力。

晒黑妆VS美白防晒妆

美白防晒妆

如果你拥有洁净白皙的肌肤，不管多么羡慕杰西卡·阿尔芭，也要守住自身的这笔“财产”。因为白皙的皮肤在灼热的太阳下，会显出格外高贵的气质。只是，没有涂抹任何化妆品的白皙皮肤，会显得过于原始，稍微有些尴尬。所以用珍珠光感补湿底霜和身体乳液，或者与身体隔离霜混合均匀之后，在身上涂抹均匀。如果脸部涂抹防晒隔离霜后，再化修颜妆的话，粉底很容易结块，而且妆容也会很快花掉。因此，可以在防晒隔离霜中混入粉底液同时涂抹，打造出湿润且弹性十足的效果。

清爽的冰蓝色眼影在眼睑抹得宽一些，可以与白皙肌肤营造出清凉感。最后，可以用亮粉色、紫色等只适合白皙皮肤的口红和指甲油做一些点缀。

晒黑妆

如果肤色不黑也不白，而是黄黄的中性肤色，我提倡干脆晒成黝黑性感的皮肤。做日光浴的话，首先可以让身上的赘肉产生突然消失般的错觉。而且晒黑的皮肤可以让脂肪团显得不那么显眼，原本在腰腹摇摇晃晃的肉块也会显得像是丰满的标志。腿部如穿了紧绷丝袜一样显得光滑细长，你还会发现自己一直都未曾发现的三头肌和二头肌、还有腹肌的存在，因此明知紫外线的危害，但还是无法抗拒的就是日光浴的魅力。平时我们觉得很土气而远离的珊瑚粉红色、黄色、荧光绿，或者金属质感的服装也很适合晒黑的皮肤，白色会显得格外清凉，黑色会觉得更加时尚。

化妆也不例外，从古朴的金色系到浓艳的彩妆，原本土里土气的颜色像被施了魔法一样竟然与自己搭配得浑然天成。穿着和皮肤的色调类似的驼色泳装的话，会展现出格外妖娆的气质，但整体上会显得过于赤裸，因此用金属质感的颜色稍微强调一下较好。当你在穿着款式独特的泳装时，要更加仔细地涂抹防晒隔离霜。最近推出了很多剪裁新颖和绑绳式的泳装，因此稍不注意泳衣晒痕很容易就会持续几个月，所以要十分留意防晒事宜。

助晒油和助晒霜当中一般都添加了指数非常低的防紫外线成分，就是为了在晒黑之前，防止皮肤晒伤。因此，躺在灼热的太阳下暴晒时，绝对不可以让婴儿润肤油或可乐洒在身上，不要拿自己的皮肤去尝试这些没有得到验证的民间疗法。度假之前，在晒黑沙龙做几次轻微的人工日晒，可以避免身体和脸部被晒红。

在做人工日光浴的时候，若是喷洒一些美黑喷雾，可以让皮肤变成略显橙色的茶褐色。喷雾晒黑是像林赛·罗韩和帕丽斯·希尔顿一样，一年四季追求健康肤色的爱好者们偏爱的方法。进入喷雾间只要改变身体的方向四次，就即刻达到晒黑效果。这种人工日光浴和自然日光浴并行，最大限度减少紫外线对皮肤的损伤，可以维持茶褐色皮肤。在进行日光浴前后，一定不要忘记涂抹抗衰老和抗氧化乳液，以此保持肌肤的弹力，还有摄取充分的水和维生素也是必不可少的环节。

大卷短发风格

适合度假地的发型

像海带一样湿漉漉下垂的直发看起来会显得十分凌乱，干净利落的马尾辫风格，或者大卷短发，在微风下飘飘的样子看着会让人舒服很多。度假地区一般气候都比较潮湿，而且空气含有盐分，所以从一大早开始用卷发器卷头发等于白费力气，因为很快它就又会垂下来，所以在度假地干净利落的发型才是比较可取的。

围头巾的风格

在度假地利用各种样式的假发来装点自己，也是种既时髦又便利的方式，另外，在都市中略显夸张的Sabrina风格宽边帽也会让你的外形有一个大幅的跳跃。发带也必不可少，用两个细发带进行多层的混搭，也可以打造出女人味十足且干净利落的效果。利用像爱马仕和菲拉格慕风格的印染花纹头巾来包住头发，看起来既富有异国情调，又显得比较正式，因此无论是参加什么样的聚会，这种头部的修饰都可以点缀你的礼服。

Sabrina风格的宽边帽

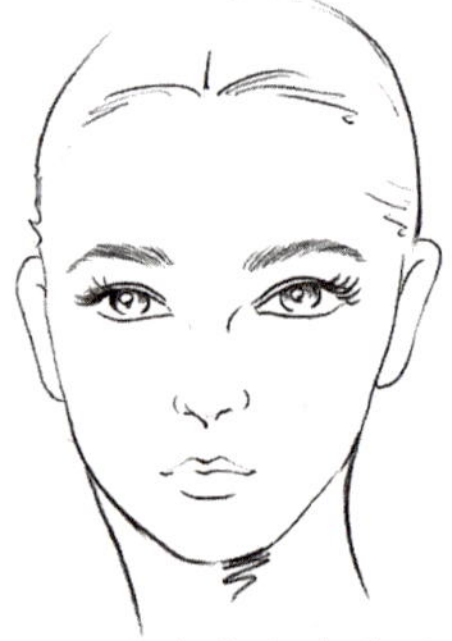
把头发扎起来的干净利落的马尾辫风格

要成为“莎拉公主”的理由

“能不能不画那黑黑的眼线？不改一改这个离眉毛三厘米的圆刘海短发，你这辈子注定要单身了！”这是我对由于没有男朋友天天都发牢骚的时装编辑常说的话。她真的很酷，而且是凯特·莫斯的狂热粉丝，她时常以宽松的马裤搭配像《银翼杀手》中的肖恩·杨穿的那样富有质感的夹克衫。我劝她想要引人瞩目的话，干脆穿高跟鞋，但她还是坚持角斗士平底鞋。她面部的妆容看起来总是显得脏兮兮的，像是三天都没有洗过脸一样，晕染的眼线是她的最爱，说她是当下时尚达人的代表者也毫不为过。

不过在法式风格的美名下，像在法国巴黎新桥下度日的人们一样装扮，说不好会一生都在孤独中老去，我这样劝过她无数次，不过她根本听不进去。她也到了在是坚持自己的风格，还是成为韩国男人喜欢的“莎拉公主”这两者之间做出选择的时候了。为什么过于成熟的女人不受男人欢迎呢？在迎合男人的喜好和流行趋势两者之间彷徨的女人们，她们真正需要的是什么呢？

男人们对化妆浓淡的认知能力非常低。即使没有化什么妆，只不过是口红抹得稍微重一些而已，男人们都会想成是浓妆艳抹。而且，只是重点画了眼线，仅此而已，这都被当成是浓妆。不过更可恨的是，毛孔无瑕霜、粉底液、遮瑕乳这些一个都没有落下，层层都涂抹了，但最后只要抹上粉嫩色润唇膏，就认为是文静的淑女。男人们喜欢内心火热、外表清纯的女人的这种矛盾的嗜好，女人们真的是很难满足。不过，说白了，女人们精心打扮自己很大程度上仍然是为了得到男性们的注目，这一点很难否认。

偶尔抹颜色暗淡的紫色性感的口红时，男人们一定会惊恐地认为，这是一种怪异的打扮，不过也没有办法，他们根本不懂什么是时尚。为了迎合这些没有品位的目光，还是乖乖地抹着芭比·布朗的“三文鱼”出门吧。

想看隐藏部位的男人们

为了和他见面，涂抹了红扑扑的腮红，也涂了亮晶晶的润唇膏，但还是存在被你忽视的部位。要知道男人们会偷看穿着凉鞋的你的脚型。上中学的时候看过《倩女幽魂》，女主角王祖贤得到了男生们疯狂的追捧，她摇响脚上铃铛的那个场面是他们觉得最为绝妙的，自此，女人的美脚也一时成为了大伙热议的话题。要知道脚也会成为男人们的赞美对象。要记住，女人们不留意的部位，反而会成为男人们眼中的魅力所在。给颜色发黄、有着厚厚的角质的脚，穿上周仰杰高跟鞋，等于给猪脖子上挂珍珠项链，完全不协调。

让受轻视的部位“提高身份”

没有只可以在脸上抹粉底液的道理。由于手脚部位的肤色不均匀，加上清晰可见的纹路，只要看三秒钟以上，就会发现手脚上的缺陷。用护肤霜让脚保持湿润，也给它按摩一下，用少量的粉底液调整肤色，如果脚上还有疤痕的话，就抹一些遮瑕霜。再给自己一双美丽白皙的脚抹一层漂亮的指甲油，让你的美丽没有死角。

当穿着露得比较多的服装时，也要在除毛方面费一些心思。他打量你的身体每一个角落的时候，即使发现了会让你的魅力大打折扣的部位，也绝对不会告诉你。就像除了家人，绝对不会再有人告诉你有口臭一样。而且，还要处理好长在后背和胸前的痘痘。因为长在脸上时觉得可爱的痘痘，如果长在背上或胸前，会给他留下不清洁的印象。“男人们真的那么敏感吗？”要知道即使是相处多年的爱人，对你也有一些难以说出口的话。

喜欢妖艳的口红，讨厌厚厚的底妆的男人们

不要把你的脸靠在穿一身黑色西服的男人的怀中，因为黑色西服管理起来非常麻烦。由于是黑颜色，灰尘和斑点会更显眼，他看着蹭在自己衣服上的污渍，肯定会诅咒你那遮盖着素颜的厚厚粉底。

那么，如果你打算和男朋友在家里悠闲地度过一天的话，该怎么办呢？如果觉得化妆也不妥，而且

对自己的素颜又没有自信，那答案只有一个，就是化看似素颜的妆。利用底霜遮盖皱纹和粗大的毛孔之后，再用化妆刷来上粉，这样就可以得到洗完脸之后，什么化妆品都没有涂抹过一般，嫩嫩的、饱满的皮肤，这至少可以维持几个小时。适量地涂刷睫毛膏，然后再用睫毛专用梳把睫毛梳开，这样一根根的眼睫毛便可清晰地呈现出来，显得很自然，完全看不出是用睫毛膏修饰过的。用眼部遮瑕膏遮盖眼袋这是最基本的技巧，当然也不要忘了用唇液修饰自己的唇色。

粉红色唇膏是男人们永远的向往

化妆会受到时装流行趋势的直接影响。复古风的服饰活跃于T台时，无光泽暗淡的红色口红成为主流；哥特式或女战士风格引领潮流时，眼部烟熏妆或性感的暗色系口红将会成为这一风格的绝配。化妆还与时装市场的发展趋势紧密联系着。提倡实用时尚的纽约时装展，自然发光的皮肤原色和裸色色调受到众人的青睐；艺术巴黎的时装周，当然会最敏锐地觉察到当下最流行的、富有创意的时尚前卫妆容。

受男人们欢迎的妆容。©Cosmopolitan Korea, Ryu Hyung-won

被称为时尚之都的意大利米兰，罗伯特·卡沃利和杜嘉班纳是其卓越设计理念的先驱代表，他们总能最大限度地将女性的形象打造得丰满且趋于完美。不过，这样拼命追赶时尚最前沿的流行趋势又有什么用呢？在男人们眼中，只有象征着纯洁与羞涩的粉红色唇膏才是令其怦然心动的首选。学生时代，男生们有喜欢唯一的女老师——保健老师的倾向。不过，很奇怪的是，几乎大部分的保健老师都喜欢抹草莓牛奶味的淡粉色唇膏，也许就是从那个时候开始，形成了男人们偏爱粉红色妆容的情结。

而且，男人们钉在墙壁上欣赏的海报中，但凡涉及到美女，从不例外的会是抹着颜色很浓的粉红色口红的美女。保健老师的草莓牛奶粉红色、海报中美女的热粉红色、与烟熏妆完美结合的浅粉红色、漂亮的裸粉色、时髦的深粉红色等等，粉红色可以说是同时深受男人和女人青睐的幸运之色，它是一个联结着双方视觉与情感记忆的特殊纽带。

一定要遵守的化妆礼仪

我曾经在书上看到过这样一段话，“凡是女人都应该是神秘的存在”。好不容易与自己梦寐以求的女人谈上了恋爱，但是当双方发展到身体的交融期，男人们目睹着女人在胸前轻巧地扣上文胸扣之后，再转过去套上外衣的那一瞬间，对她的幻想与好奇也顿时破灭得体无完肤，这样的憾事其实暗示着很多问题。把双手向后，稍微费力地扣上文胸扣的模样，虽然对女人而言是平日中比较简单但还是稍显麻烦的动作，但是在男人的眼中，这样的动作是具有象征意味的，这其实是一幅十分美丽的画面，在他们的脑海里能够留下深刻的印象。

女人在化妆时的动作也会给男人们带来相似的感受。化妆品广告中的女人坐在梳妆台前，细致地对着镜子在嘴唇上涂抹着口红，然后富有情趣地用口红在镜子上写上几个字，男人们希望自己的女人在抹口红的时候，也能像电视广告中的女人那样美丽动人。不过，现实与电视中的影像毕竟存在着很大的差别。比如在餐厅里，当女人们吃完辛辣的辣炒面之后，随意地擦完嘴角，便抿一抿嘴唇，拿出小镜子抹口红的模样，会让他们惊愕不已。奇怪地动着嘴唇刷睫毛膏的模样；在公共场所用粉饼清除脸上油光；手里的粉饼硬得就像饼干一样，而且还有明显的裂痕，但还是不以为然地用来擦拭皮肤。这样的举止就算同性的朋友看了，也不会产生什么好感。

假如在自己的男朋友面前也这样的话，对于女人们来说，堪比神圣仪式的涂脂抹粉，在男友眼里只会被看做是毫无吸引力的“臭美”。在众人面前化妆是不合礼仪的事情，所以，即使是补妆，也要尽量在无人的地方将妆容修饰完善，这些小小的细节都是成为一个魅力女人的必要条件。

贵族千金们无法抗拒的优雅之美

我认识的她相貌非常漂亮，但是不管再怎么打扮，总感觉她的美没有清晰地展现出来。我周边的朋友对她的那种打扮风格也不敢恭维，在背后嘀咕过很多次。不过，世事难料，这个漂亮的姑娘后来与一个家财万贯的富家子弟结了婚。此后，只听到了她与她的富老公出国的消息，其他的便音信全无。让我没想到的是，突然有一天在某百货店专为VIP提供的化妆讲座上，竟偶然见到了她。

不知是因为经常打高尔夫球，还是在东南亚度假地的别墅待久了，她那自然的晒黑皮肤，飘逸柔顺的头发，时尚优雅的穿着，最重要的是充满自信的气质让我眼前为之一亮。判若两人的变化简直让我不敢想象她就是我原来认识的那个姑娘，但此刻我强烈地体会到，人是一个受环境影响颇深的动物，除了天生拥有的形象以外，在后天的努力下，还可以充分打造出更加优雅的气质品貌。

如此看来，我们是否可以根据她的这个例子来分析出只属于上流社会的独特光彩是如何形成的呢?即使拥有整形外科批量生产的千篇一律的靓丽容貌、没有丝毫脂肪团的宛如时装模特般的魔鬼身材，但在散发着上流社会人士特有的优雅气质的女士面前，这样的矫饰与伪装也会落于下风。有气质的女人，即使是在人潮拥挤的食品卖场也会散发着迷人的光芒，在桑拿房只穿着黄土色桑拿服也会显得与众不同。比起整形美女或炫耀自己修长曲线的袒胸露背的女人，有一定审美品位的男人们更会被这种有气质的女人深深吸引，并且在与她们的交流中被其独有的魅力所折服。摩纳哥公主夏洛特·卡西拉奇、莉迪亚·赫斯特（美国传媒业巨头继承女）、雅诗兰黛家族的雅丽安·兰黛，这些优雅女郎的代表人物，作为贵族家庭中的后代，她们的形象和风格始终受到各方人士的密切关注。

由于生长在富裕的家庭环境中，过着无忧无虑的生活，因此发自外在和内在的高雅之美成为了她们最为迷人的特点。像林赛·罗韩一样雇用个人造型师，向世人们展示当今最流行的时装、背着卡尔·拉格斐送出的时尚包包的好莱坞名流们，与贵族家庭的千金小姐是截然不同的格调。仅仅擦了润肤霜的自然皮肤，却比特地做日光浴、杰西卡·辛普森价值1000美元的妆容和肤色更加耀眼。

美国传媒业巨头之女莉迪亚·赫斯特，摩纳哥王妃格蕾丝·凯莉的外甥女——夏洛特·卡西拉奇。

这种风格和气质虽然只是属于有着贵族血统的王室“小公主”们的，但是所有的女性都可以怀有成为一次公主的幻想。乘坐专用喷气式飞机，去参加在国外举行的朋友生日派对，这种事情对我们一般人来说是完全不现实的，不过模仿一下她们“小公主”风格的打扮，并不是什么难以实现的奢望。

塑造出雍容华贵的典雅风格

让皮肤显得白净

如果经济上还算宽裕，就一定要坚持在自己身上多投资，尤其是对皮肤的保养和护理方面。始终保持一种就像刚从美容院出来，散发着优雅之气，光芒四射的形象，对于一个女人来说，是再重要不过的了。首先，皮肤要显出没有被厚重的化妆品覆盖、矫饰过的感觉。不过，这并不表示不可以化妆。这句话大家都应该听过无数次了，皮肤的底子一定要好。自身的皮肤状态即使不属于最佳的，但用去脸部角质产品除去皮肤上的角质，再用面膜给脸部补给充沛的水分，就可以得到令人满意的效果。为了让脸部显出自然无妆的效果，皮肤上的瑕点、黑眼袋、嘴角边的变色部位一定要用遮瑕膏遮盖严实，但是小小的雀斑和痘痘可以特地“手下留情”。

紧缩毛孔、缓解皮肤凹凸不平的底霜也是我推荐大家使用的。它可以整理细微的皱纹，除去皮肤的多余油光，给皮肤带来盖上一层面纱般的效果。这时可能会有一种不透气的感觉，因此和润肤霜一起混合使用的话，涂抹起来会更容易一些。经常使用珠光BB霜提亮脸部，使皮肤达到水润效果，这时一定要仔细地涂抹均匀，才能体现皮肤的光感。然后，抹上薄薄一层的粉底液，鼻头和额头在冒油的时候，只要用粉饼在冒油的部位稍事涂抹即可。

变成一个慵懒闲适气质的公主

为了生活，绝大多数人每天都要去上班，从一大早开始就要挤进人潮拥挤的大众交通工具，由于疲惫加上睡眠不足，很容易形成黑眼袋。而且，这样的皮肤还会出现不容易上妆的状况。经常接受脸部按摩、做普拉提运动，过着悠闲生活的人的脸色就与一般人不同。让脸色红润、光彩照人，这是打造健康、充满朝气面容的最重要的第一步。

改善脸色的方法有两种，一是使用比肤色更亮的眼部遮瑕霜，提亮下眼睑；二是用膏状腮红打造红润气色。这两点千万不要忘记，并巧妙利用吧！

尽量避开彩妆

比起好像吃了油炸食品一样油油的珠光唇膏，我建议多使用有着紧贴皮肤效果的唇膏和柔彩润唇膏；同样，比起浓密修长的表现方式，还是选择轻淡的妆容，在刷完睫毛膏之后，马上用螺旋式睫毛刷进行梳理，使每一根睫毛自然地呈现出来。因为不化彩妆，所以在左右着面部印象的眉毛上，就要多费些心思。先按自己的眉形修一修眉毛，如果是像成宥利一样，有着浓密的眉毛的话，那就太完美了，但如果先天的条件并不是让人十分满意，就用眉笔或笔头尖尖的黑檀色眉笔，按照眉形一根一根地画，使眉毛显得自然立体。化烟熏妆时，尽量不要使用珠光感眼影和腮红，把重点放在表现健康的肤色上，在表现层次感时，以黑色或灰色为主的色调比起绚丽的颜色，更能打造出一种干净利落的极简风格。

让头发变得光泽柔顺

避免多层次发型和像美发店设计师一样的不对称剪裁发型。柔软的杏仁色还可以看得过去，但绝对不可以用醒目的颜色来漂染头发。比起在这方面花重金，在发质修护霜上多投资，维持光彩照人的秀发才是明智的选择。洗完头弄干之后，用卷发器将头发卷起，时间不宜过长，暂时就可以达到非常自然的卷发效果，然后稍微抹上养发精华素。最后用普通的黑色发绳把头发扎起来，或者把长长的刘海挽到耳后，这样可以同时得到摩登和优雅的效果。带有名牌LOGO的发绳，或者皱皱的发绳趁早扔掉。

用充满自信的眼神来展示你灿烂的微笑

认为上流阶层的女性都很冷酷无情的偏见是大错特错的。暴发户的女儿也许会如此吧。不过她们丝毫不傲慢，由于从小在富裕的家庭中，受到良好的教育和家人的关爱，因此让她们也养成了和蔼可亲的善良品质，而且在她们天真无邪的笑容中，也会让我们感觉到有如和煦春风般温暖的感觉。我因化妆师这一职业的关系，经常会见到各国的年轻模特，其中从瑞典或加拿大等发达国家来的模特，社交能力都很强，而且非常亲切活泼，和她们交流是一件非常愉快的事情。

但是，经济上相对比较落后的国家，如来自罗马尼亚或芬兰的模特对社会就会存在很大的不满，而且对人不礼貌的情况也时有发生。所以，出身可以左右一个人面对生活的态度，每当心中有这种想法时，心里总不是滋味，但又能怎样呢，能改变些什么呢，难受的只有自己而已。总是为自己周边的人着想的行为和让人愉悦的微笑，也许就是成为真正的上流阶层女性的重要道德内涵。

古典美的伟大

据说，有人曾经用嘲讽的口气说过，“时装就如海鲜，只要过了三日就会散发臭烘烘的腐烂气息”。不过，李维斯或者铂金包是经得起时间沉淀的，经过再长久的时间洗礼也不会过时，反而自身的光辉会得到越来越多人的赏识和喜爱，这就是经典杰作的魅力所在。在时尚界，这一点已经成为了无可厚非的真理。现如今的这个社会，一切都在迅速变化，人们对于物质、对于美的不断追求刺激了市场，同样市场上眼花缭乱、琳琅满目的产品让人们对时尚的狂热持续不断地升温，从而达到一种良性循环的状态。时装亦是如此，消费者在购买的时候，不一定每次都会经过深思熟虑，很多人在购买服装时，都很注重自己的第一眼印象。而令人遗憾的是，这些被轻易购入的服装在穿了不到几周的时间里，便失去了它原本夺目的光彩，被压到了衣柜的下面，这种快速时尚（fast fashion）还被认为是享受时尚潮流的明智消费观念。关于化妆品的消费也是一样，买完之后，到了不符合流行趋势时，这些过了季的化妆品马上就会被冷落到一旁，就像为了寻一时痛快而购买的便宜货一样，内心真有些担心。对流行趋势十分敏感的当代年轻人，虽然希望自己能够在人群中表现出与众不同的风格，但当季的流行趋势，往往就像工厂大量生产的复制品一样，都是同样的发型、同一种的化妆手法，想要在众人之中脱颖而出就需要我们换一种思路来审视时尚了。

在这里我们分析一下象征各时代的、成为时尚传奇的优雅女士们，从她们的身上，将会给我们带来源源不断的灵感。远离肤浅的流行趋势一步，就是找寻古典美中的经典。

碧姬·芭铎的眼睫毛

为了在参加舞会的时候能给皇太子一个美好的印象，把闪闪的金发变成毛毛躁躁的芭比娃娃头，所有的女人都梦想着成为这种芭比娃娃。尤其是西方人那浓密的金发、珊瑚色的嘴唇、长长的眼睫毛，这是女人们普遍所向往的形象。如果说芭比娃娃真实存在的话，我觉得20世纪60年代的碧姬·芭铎就是最贴合芭比娃娃的真实人物。

以蓬松的金发、裸唇的风格与好莱坞的流派迥然相异的性感女星碧姬·芭铎，可以称得上是“活芭比”。让碧姬·芭铎能够在众多女星中脱颖而出的原因，正是她那像粘了假睫毛，或者涂抹了厚厚睫毛膏般的浓密眼睫毛。她那别具匠心的裸色色调妆容，轻轻眨动浓密眼睫毛的模样，现在看来也让人久久陶醉，难以自拔。如此，在强调眼睫毛时，要避开红色系腮红和口红。粘完假睫毛，再抹上睫毛膏的话，会比较自然，可以减少人为修补的痕迹，而且还可以让你的眉毛看起来更加浓密。

奥黛丽·赫本的眼线

20世纪50年代，奥黛丽·赫本以水汪汪的大眼睛和平平的胸部成为了永恒的性感代名词，她让世人们看到了一种超然卓绝、与众不同的迷人风尚。回想当年那个青春逼人的奥黛丽·赫本，就自然而然地想起电影《蒂凡尼的早餐》，在这部电影中，她以十分现代化的妆容给我留下了深刻的印象，我想如果不明说这部影片是拍摄于几十年前，相信很少有人能看出来这是如此老旧的电影。比起红唇妆和强调眼窝的妆容，简单勾勒的眼线给棱角分明、脸颊消瘦的赫本增添了高雅的气质。这一画龙点睛般的眼线让她时而娇媚可爱，时而伤感忧郁，成功塑造出了只属于她的一大特色。在塑造赫本式妆容时，就要省略含有珠光和带有光泽的化妆品，眉毛要画得稍有棱角，然后用液状眼线笔强调上眼线。当把眼线表现得比较丰厚时，为了避免眼睛看起来短小，要画得稍长一些才能充分体现出复古感。

波姬·小丝的眉毛

都说十八岁的少女是最迷人的。不过，我敢说在波姬·小丝十八岁的时候，她的容颜恐怕是无人能及的。灰色的卷曲长发、修长的身材、清秀的五官，还有令其他美女们所艳羡不已的浓密眉毛。小丝的眉毛与那些为了塑造细长拱形的效果，特意淡化颜色，或者干脆把眉毛刮掉的美女们不同。她那充满野性气息的眉毛在20世纪80年代的时代背景中，散发出了当时少有的自然美，让波姬·小丝的魅力倍增。

眉形通常随着时代潮流走，时粗时细、时直时弯，反复无常、千变万化，不过保持自身眉形的浓密自然的眉毛，才是真正不受流行趋势影响，而始终保持不流俗的基础。如果想画波姬·小丝这种浓密细长的眉毛，但是自己的眉毛却太稀疏，这时利用因磨损几乎沾不到睫毛液的睫毛刷头，对眉毛进行修饰，就可以起到十分显著的效果。用睫毛膏刷头刷眉毛前端，就像抹了眉毛长毛剂一样，眉毛马上会显得浓密，眉毛稀疏空白处一根一根仔细地刷，然后在刷头上稍微蘸点发胶，把那些小细毛向上刷，这样你就可以拥有一对像波姬·小丝那样清秀迷人的眉毛了。

凯特·莫斯的雀斑

自从20世纪70年代宁丝利·汉拜之后，一个时装模特登上比明星更受关注的偶像之位，就已经是十分罕见的事情了。现在很多女性都会把视线的焦点放在凯特·莫斯手中的包上，猜测她所穿的紧身短裤是什么牌子。20世纪90年代，和超模琳达·伊万格丽斯塔和克莉丝蒂·杜灵顿一样，拥有天使面孔，魔鬼身材的超模们散发着女神般的光彩，在T台上独领风骚时，干瘦无比、满脸雀斑的凯特·莫斯的出现则完全改变了模特的标准。

在当时流行的，是把脸部轮廓像雕刻般完美展现出来的立体妆，运用的色调十分成熟，但是使用的是遮掩皮肤质地的不透气粉底。而接近裸妆的凯特·莫斯，她那自然纯粹、洛丽塔风情的妆容，霎时间引起了人们的强烈反响。凯特·莫斯不管自己的皮肤状态多么不理想，也不会依赖于遮瑕霜。她的烟熏妆有一种看似直接覆盖在素颜上的感觉，与她那无神的双眸形成绝妙对比的颧骨上，一颗颗活泼的雀斑不以为然地在镁光灯下闪烁着自然的魅力，她的这一造型，淋漓尽致地展示出了“海洛因式时尚”的最高境界。

连刷碗都不会的女人们

柔滑的冰面上浮现钴蓝色大理石纹路，喷撒宛如璀璨银河一样的细小亮粉颗粒之后，镶上像夜空中的北斗七星一样闪烁的施华洛世奇水晶，最后用透明的液体严实地覆盖住。这是发生在不过2厘米见方的指甲上的“另一个世界”。从传统的角度而言，装扮指甲是属于身份地位高的女人们所特有的优雅装扮。以前的人们一般通过对方的手型来判断那个人的身份和地位。正如只要偷看对方的手，便可揣测她的职业一样。

做完美甲之后，就会变得像双手不沾阳春水、住在富丽堂皇的大宅中的女人一样优雅自信。不知是从何时开始，在小区里也开始出现了一两个美甲沙龙，就像美容店走进住宅小区一样，已不再是什么新鲜的风景。在1988年奥运会上，声名远扬的弗罗伦斯·格里菲斯·乔伊娜，这位女田径选手的灿烂的美甲比起她更新世界纪录，更引起了世人们的关注。她贴的是假指甲，刚开始我还以为她拔掉了指甲。曾经还对她那华丽的指甲感到很吃惊，不过现如今连悠闲地坐在星巴克、手握咖啡杯的女白领手上也可以看到美甲的影子。

这让我回想起了小时候用凤仙花花瓣染指甲的事情，那时看着染成红色的手指，白矾和凤仙花就在一夜之间所产生的化学反应，像变魔术一般让我欣喜若狂；唤起了用乐天的妙脆角薯片套在十个手指上，然后边吃边玩的童年记忆。给正处青春期的女孩子抹上妈妈的指甲油，即使是一个无法掌控的淘气包，也会乖乖地等到手上的指甲油都干为止。种种现象也许是在证明女人天生就懂得想要变得漂亮，而且也要为此付出一些代价。

据说，从事娱乐业的女性们会在指甲的装扮上投入很大的精力。位于韩国江南的美容院看透了这一点，比起资深发型师，他们会更注重高薪诚聘具有实力的美甲师。因为美甲生意与几个月才会烫一次发、染一次发的美发生意相比，客人的流动量明显要更大一些。由于做完美甲之后，一两周就要进行一次指甲修补，而且只要镶上的水钻掉了，或者不小心指甲出现了损伤、缺口等状况，爱美的女士们就会忍不住前来修补指甲，如此让这些客人逐渐形成了一种美甲上瘾的习惯，因此，这里的顾客始终都是川流不息，生意火爆得不得了。

我曾听一些有经验的人说过，一旦陷进装饰指甲的行列中，即使费用不菲，也会追求更漂亮、更时尚的最新款，逐渐成瘾之后就无法停止。只有看着自己指甲上的艺术，才会让一整天的心情得到满足，有此经验的人才会懂得其中的奥妙。不过，被评价为老练成熟的女人们，绝对不会在自己的指甲上胡乱地开启“另一个世界”。指甲也有适中的长度，如果指甲过长的话，不仅不会被人看作是品位高雅，还会把你男朋友想成是一个性取向古怪的人，我想你当然不会希望别人会对你男友有这样的看法。

不同的颜色，不同的形象

红色系

20世纪90年代，掀起一股热潮的马光洙教授，在他的书中毫不掩饰地表现了对红色长指甲的迷恋。在一些成人节目中，绝大多数的女性都会涂抹着红色的指甲油。不过，最近很少看到抹着红色指甲油的人。因此，有时真觉得是不是媒体在给人们灌输一种固定思维。虽然一直以来我都将红色视为肤浅、诱惑的颜色，不过有一次当我在新闻中看到希拉里·克林顿抹的稍稍有点发紫的红色指甲油之后，我才懂得了红色也可以成为真正高贵的颜色。

就像营造不同氛围的色调，有时会产生另一种妖艳的效果，而有时又能展现出贤淑的气质。如果在剪短的指甲上涂抹亮红色指甲油，配上白皙莹润的手背，会显得十分活泼可爱；在方形指甲上，涂抹冰冷、暗红色的颜色，会营造出一股浓郁的都市氛围；也许在椭圆形指甲上涂抹玫瑰色指甲油，会像海报女郎那样生动活泼。

粉红色

这是男人们最喜欢的颜色。不管时代怎么变，喜欢十足女人味的男人们依然偏爱粉红色。不要忘记大部分男人都会留意女人的手。我甚至还见过某位男士就因为一位小姐的手长得不漂亮，而最后婉言拒绝了与她交往。在修剪整齐的适当长度的指甲上，涂抹粉红色系的指甲油的话，会让双手显得最为漂亮。而且粉红色有与肤色接近的亮度，还可以让手指显得修长。粉红色是一种非常柔和的颜色，不像红色那样过分强烈，更不像驼色一样满是成熟气息。因为这些原因，粉红色得到了喜欢轻松的大多数男人们的青睐。

驼色

驼色是不管是什么衣服，不管是什么妆容，都能与之完美结合的多才多艺的颜色。从高贵优雅的装扮到休闲的穿着，都可以用驼色指甲油做点缀。只不过，如果缺少光泽，或者抹的时间过长，已经褪色了的话，会让手显得十分苍白，因此要注意这一点。

黑色系

深蓝色、性感的黑色、浓咖啡色等这些颜色，在适当场合中会表现出成熟老练的气质。没有珠光感的指甲油看起来会有涂抹油漆的效果，因此选择含有金属质感的珠光指甲油会更好。当身穿黑色、裸色系的绸缎服饰，开司米面料的高档服装时，比起一般的饰品，指甲油将会成为更有效的点缀。只不过男人们对这些颜色比较反感，因此，如果考虑自己的男朋友的感受，就暂时把这些颜色的指甲油放在抽屉的深处吧。Love Style

随高跟鞋变化的美甲

手指甲修饰告一段落，下面要说说脚趾甲了，尤其是在穿露脚趾的凉鞋时，一定要在修饰趾甲方面费些心思。如果你的脚没有做过任何护理和保养，一定会有一层厚厚的角质，而且脚趾甲上长年累月渍着泥会显得肮脏不堪，与穿在脚上的高档品牌鞋子很不搭调。所以，趾甲修饰的风格一定要同鞋子款式相协调，这一点非常关键。

1. 坡跟鞋和厚底高跟鞋

用棉布或稻草、麻等材质装饰的坡跟鞋，散发出一种清新淡雅而又自然轻盈的气息，如今这种款式已经成为街头巷尾可以随处可见的时尚精品。但是，如果选择搭配红色的趾甲，那可就糟糕透了。其实，搭配这种自然风，不需要任何花哨的装饰，用护理趾甲的底油塑造自然的魅力，二者才会相得益彰。最近，厚底高跟鞋颇受MM们的欢迎。不过，如果穿一双视觉效果很强烈的高跟鞋，就没必要再给脚趾甲化浓妆了。

2. 异国风凉鞋

蟒蛇、短吻鳄、巨蟒等以非洲野生气息为题材的凉鞋，搭配时一定要慎重选择趾甲油的颜色。裸色可以让凉鞋尽情炫耀自己独特的纹理和质地，用像金龟子翅膀和鲍鱼壳一样的乳白色或珠光绿色、珠光灰色等稳重而又高贵的色调修饰趾甲，才能让昂贵的鞋子尽显高雅时尚。

3. 罗马角斗士鞋

罗马角斗士鞋属于平底鞋，穿起来脚掌会显得很宽，如果脚上没有任何修饰，看起来就真的很像奴隶。所以，趾甲的修饰是绝对不能疏忽的。不过，这种款式也不适合搭配闪闪发光的装饰品，使用裸色系的颜色就很好。脚趾的颜色会随着鞋子的颜色有所变化，没有珠光感的亮色如果可以掩盖原始气息，就会显得更加时尚。

4. 粉红色绑绳厚底高跟鞋和浪漫花朵装饰鞋

用杏色、桃色、浅莲红色等颜色装饰趾甲，会让你显得很有女人味。如果脚的肤色偏黑，使用普通的粉红色会显得脚很脏。像白粉红色或热粉红色这样淡一些的颜色，可以和深色的皮肤区别开来，浓淡分明看起来才更漂亮。

5. 用亮片或珠子装饰拖鞋，有色砖石和水晶装饰凉鞋

如果鞋子上的装饰比较华丽，不妨选择装饰品中任意一种颜色的趾甲油，这样的搭配效果既华丽又有整体感。另外，具有民族风格和传统设计的鞋子，千万不要涂抹金属质感的颜色的趾甲油。

6. 黑色、白色、深蓝色等简单新颖的素材

如果鞋子的颜色和剪裁简洁而又富有个性，趾甲可以涂抹红色和黑色这两种时尚的颜色。几何图形纹理或简洁的砖石装饰也还可以，不过要避免花朵图案和圆点花纹这种可爱的修饰。

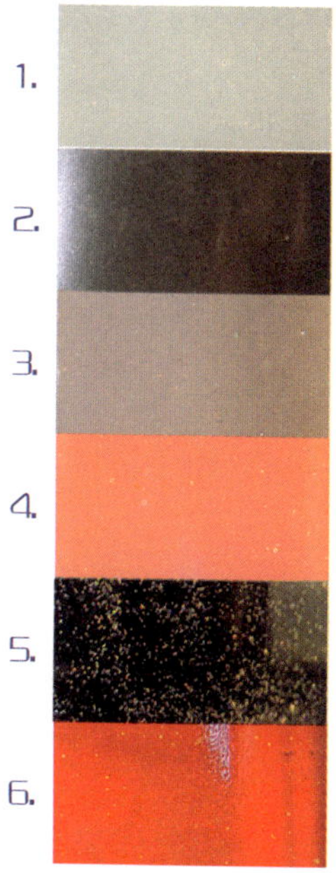

偷看男友的
化妆品包

男人偶尔会唠叨女人的装扮行为已经超越了界限。令他们感到惊讶的是，女人是如何把这么多化妆品的使用方法，以及涂抹顺序记得一清二楚的。不过，需要承认的一点是，真正对外貌敏感的不是女人，而是男人。为了拍摄海报，化妆师给女模特化妆时，她们很少出于好奇而照着镜子去看自己的妆容。她们甚至毫不畏惧自己会变成怎样一副模样，反而欣欣然地享受这一切。孔孝珍和金敏喜就属于这一类型。她们私下里扮演着自己的本分角色，而当她们走在T台上或万众瞩目之时，则扮演着另外一个角色。女模特似乎都十分信任化妆师，对装扮的结果怀着坦然欣赏的心态。但是，男模特或男演员却恰恰相反。

男模特会不断地询问当天拍摄画报的主题，眼神中也充满了畏惧的神色，时刻为自己如何变身、如何装扮而一筹莫展，忐忑不安，因为他们不喜欢远离自己平时的模样，喜欢保持一成不变的风格。由此可见，男人们用一两件衣服就可以度过一个季节，并非出于懒惰和没有时尚感，而是他们不喜欢经常变换自己的模样。在摄影过程中，虽然男演员的妆容没有什么特别之处，很贴近原来的容貌，但他们还是会煞费苦心地检查自己的脸庞。尤其是对发型十分敏感的李秉宪，每次摄影之前，他肯定会带着适合自己的发胶。李政宰不喜欢别人摸自己的头发，只有他自己的手摸头时，才会觉得舒适。一般男人也都是如此。据说，他一旦找到了适合自己的发型师，就会一直去那个发型师所在的美发店，不会轻易换其他发型师，如果那个发型师去了别家美容院，他也会毫不犹豫地跟到另一家美容院去。

一走进狎鸥亭洞健身俱乐部的男士更衣室，成熟的淡香水味就会迎面扑来。有人用香体露去除身上的汗味；有人用身体瘦身霜管理腹部赘肉；有人坐在镜子前，从鼓鼓的化妆包中拿出各式各样的护肤品，一层层涂抹之后轻轻地拍打脸部。提到男更衣室时，可能你联想到的是汗味和香皂味混成一团，公用的梳子上沾满了灰尘的画面，而真实的一幕将带给你迥然不同的感觉。

自从“都会美型男”风潮席卷全球之后，男人爱打扮已不再是什么新鲜事。他们不仅会在桑拿时，敷着美白保湿面膜与朋友聊天，甚至可以在飞机上光明正大地敷睡眠面膜，美美地睡上一觉。在过去，这种讲究自己外表的美男子不禁让人对男人的形象产生一种负面印象，但现在它已经是一个彻底自我管理的象征，在商务世界中也成为一种增加信赖感的竞争力。在苹果公司召开的讨论会上，面容消瘦苍白的史蒂夫·乔布斯演讲时，苹果的股价大跌。大家以为他有胰腺癌病史。“看似健康”这四个字，换句话可以引申为，脸部保养问题“有一定的承担能力”，是一个非常敏感的问题。

“美貌津贴”对男人产生的影响比对女人的影响更大。社会经历越是丰富的美貌女性，根据不同的情况，她的实力也有可能遭到质疑。不过，对一个健康、相貌堂堂的男性来说，大家更期待的是他的业务能力。据调查，长相一般的男人比貌美男性，每小时的工资少9%。另外，外貌达到平均水平以上的男人，会多拿5%以上的工资，单纯从这一数据中，我们就可以看出外貌也是一种竞争力。从“美男津贴”这一角度考虑，赵仁成所代言的补水面膜能够热卖，也是理所当然的了。

化妆品也有性别歧视

日本男士美妆店里的商品五花八门，有些东西如果你不向店员询问，甚至都不知道它是用来做什么的。男士们更喜欢将各种专用商品细分化、专业化。男士用眼药水具有更清凉的效果，连包装袋也是符合男士口味的简单金属质感的设计。店里摆满了男士发胶、男士染色剂、男士紧肤粉底、男士沐浴乳和泡沫洗面奶等等，看着这些琳琅满目的商品，心中不由地产生一个疑问，有些产品在其功能上为什么偏要区分男女呢？原来化妆品的男女区分，是想强调装扮并不单单属于女人，男人也有化妆的权利。如此具有卖点的妙想，正是日本营销策略的高明之处。

不仅如此，还有专门为男士开设的美容院，所以男士朋友们不必再为男士美容而感到尴尬又惶恐不安了。除此之外，经营除毛、激光外科手术项目的诊所也有男士专用诊所，由此可见，对自身进行投资的日本男人对美丽有多关注。

男人就不可以漂亮吗?

不知道大家有没有注意到，最近的青少年偶像组合中，所有成员的相貌几乎都差不多，尤其是花样美男们。对于我这种不太关注艺人的人来说，就完全分辨不出谁是哪个组合里的，而忠实的粉丝们肯定对每个人的相貌都铭记于心。他们步调一致地做双眼皮手术，像西方人一样提高鼻梁，削尖下巴。经过这三个阶段的整容手术之后，再做个类似的发型，穿相似的衣服。像我这种70年代的“中老年人”怎么可能区分得出来呢?

前不久，我在一个整形外科院长那里听到了一个非常惊人的消息。在江南地区接受整形手术的人群中，男性人数占25%左右。男性偏爱的手术按年龄段的不同也有所差异，20～30岁的年轻男性主要做眼睛、鼻子等脸部轮廓手术；40岁以上的男性，主要做矫正下垂眼睑的手术，或者去除眼袋，还通过注射除皱，主要是回春型整形。在最近“童颜”的热潮下，从腹部和臀部抽取脂肪，注射到脸部的手术十分盛行。自从吹起“肌肉男”风之后，吸脂手术也呈增长趋势。

花样美男演员——木村拓哉

在这个快节奏的社会中，一个人的能力和人格素养都有可能受外貌的影响，所以处于这种悲惨现实中的男人们，便开始纷纷聚集到了整形外科手术室的门口。有的男性甚至还做了连女性都很少做的酒窝手术，可以说是生活方式的变化影响的吧！真想象不出当女人们看到比自己还漂亮的男朋友时，她们会有什么样的反应。

为男朋友劝言

如果你的男朋友拥有比女人更白皙的皮肤，就像张根硕一样美貌，我们自然不必多说什么。但是，如果他经常满面油光，长满红黑色青春痘痕，一肩膀的雪白头皮屑的话，是不是该想想解决方案了呢?男人化妆，已经不会再是被人质疑性别的行为了，反而会被当成是偶像级的帅气男性。现如今，是时

的皮肤护理到化妆的正确顺序以及使用方

水，是擦脸时使用的。像《小鬼当家》中的麦考利·卡尔

，然后拍打脸部的这种使用方法是完全错误的，这也是女性们经

洗脸后留在皮肤上的残余物和角质的，是洗脸的最后一个环节，所以一

然后轻轻地擦拭脸部。

化妆品中，抗衰老产品的比重越来越高。白天防止电磁波污染造成的皮肤氧化，晚上帮助皮肤再生的抗衰老产品值得一用。如果想使用更细分化的高技能产品，可以把目光转移到女性产品上。

保湿乳

顾名思义，精华素把有利于皮肤的精华浓缩，那么就还需要一种为皮肤提供水分的物质，它就是保湿乳。有人认为，夜晚使用油分较多的营养霜，可能会因为油分过多而引发皮肤问题，其实则不然。只要营养霜中含有的不是矿物油，而是高纯度植物油，就不用担心产生过多的油脂，相反还有助于淡化青春痘痕和小疤痕。

紫外线隔离霜

如果保湿乳没有隔离紫外线功能的话，就一定要再抹一层隔离霜。因为紫外线会破坏皮肤的弹力纤维，而且还会使皮肤出现黑斑和瑕疵，导致脸色暗淡无光泽。即使平时户外活动很少，为了保护皮肤，也要记得每天使用紫外线隔离霜。

粉底

粉底液、粉饼、BB霜，还有保湿乳和有色面霜等，这些产品达到数十种，我个人比较提倡涂抹少量瑕疵遮盖效果明显，而且看上去十分自然的粉底液。有人可能会认为抹完粉底液之后显得很油，但实际上粉底液紧贴皮肤，像粉饼一样使皮肤看起来白皙自然，丝毫看不出抹过粉底，一定会让你的男朋友变成一个饱满润泽、干净天然的皮肤美男。而且粉底的使用方法十分简单，不妨尝试一下，绝对不会让他失望的。曾经风靡一时的BB霜，为了中和泛红的皮肤，使用的是灰色矿物质粉末天然色素，弄不好脸色就会呈现出烂草莓牛奶的颜色，这一点一定要铭记哦。

眉毛

把黑檀色眉笔或泛卡其色光的黑色眉笔笔头削得尖尖的，然后一笔一笔地仔细画眉毛稀疏

定要一笔一笔地慢慢画，如果笔头粗就会显得像是文眉的效果。

眼线

最近深受韩国男艺人们欢迎的半永久眼线文身也值得尝试一番，因为它完全看不出来，十分自然，还可以让眼睛显得更加明亮、神采奕奕。

赵仁成一样的嘴唇

很多女人都喜欢赵仁成石榴一样的唇色，所以有必要给那些被烟和电磁波污染、被紫外线逐渐晒黑的男人们的嘴唇上点颜色。在这里向大家介绍一下我的嘴唇秘密变美法：在变色部位用唇刷涂抹一点琥珀色唇膏之后，再用淡彩润唇膏涂抹嘴唇，如此一来你的男朋友也能拥有美少年一样娇嫩的唇色。

怎样淘到不常见的 化妆品

购买化妆品是一件非常幸福的事。每个季度推出的化妆品广告，都能刺激那些对化妆品感兴趣的人。上个季度在T台上展示的流行元素，如何融入到新的产品中，许多时尚达人对此充满了期待。英国超级模特阿格妮丝·迪恩独领风骚的时尚界，受到了多少80年代时尚要素的影响，这也使我产生了好奇心。不过，即使是一个与时尚距离很远的人，只要去一趟百货商场的一楼，想买东西的冲动也就油然而生。

把目光转移到香奈儿专柜，在看到产品之前，就被店面的黑白色时尚设计深深吸引。走进“海蓝之谜”专柜，鱼缸里的热带鱼亲切地向你打招呼：“快进来看看吧！”“海蓝之谜”是一种含有海洋成分的品牌，店里都会选用鱼缸营造氛围。经过契尔氏店前，看到那个像药瓶一样的外包装，感觉与家里的浴室氛围很搭配，尽管家里还剩有大半瓶洗发水，但还是会不由自主地把手伸向契尔氏洗发水。迪奥以莫妮卡·贝鲁奇和莎朗·斯通为自己的品牌做代言，招揽顾客。

百货商场里的照明是经过事先的精密计算而设计出来的，会让眼影和腮红闪烁得格外漂亮。春天气息的甜蜜糖果色，清爽夏季的冰蓝色和绿松色，这种异国风情浓郁的色彩，让那些穿不了颜色鲜艳的衣服，但是用五颜六色的化妆品来装点的女人们，心甘情愿地掏出腰包。每个季节诱人的化妆品都会在新的技术和流行趋势下，焕然一新地出现在女人们眼前，让她们无法抗拒。

在数量如此繁多的产品中，挑选既能适合自己，又能提高自信心，还符合当今潮流的化妆品实在不是一件简单的事。有的人一看到是MAC的限量版产品，单单为了收藏，干脆利索地在申请人名单上签下自己的名字。如今，新产品信息可谓是铺天盖地地滚滚而来，在这个连产品名字都无法记全的浪涛中，明智消费才是快速走上美丽之路的捷径。因此，也是时候培养一下明智的购物能力了。

明智的购物

化妆品的种类数不胜数，所以买到不适合自己皮肤的类型和颜色的化妆品的概率也是很大的。百货商店都设有测试商品的柜台，但如果测试不仔细的话，只会带来麻烦，或者使它沦落在梳妆台的角落，成为堆满灰尘的“宝物”。要想准确地购买有色产品，首先一定要涂抹平时使用的护肤品，抹完粉底之后，马上使用有色产品才能准确看出其颜色和质感。脸上没有妆容，涂抹亮粉色的口红，皮肤和牙齿就会显得发黄，相信你绝对不会对这类商品产生购买欲望。

有的眼影如果不抹眼霜的话，就不会达到其原本的颜色效果。在条件不符的情况下测试，回家后再使用，结果会让你大惊失色，而且还要考虑平时的工作环境是白天还是夜晚，是室内还是室外等等。有色化妆品会根据场所和时间的不同而发生180°的大转变，在卤素灯灯光下，绚丽闪烁的闪粉在办公室看起来却像黑色的芝麻粒。

街头化妆品店相对于百货商店来说自然光较充足，所以化妆品的颜色和质感被扭曲的现象也就会随之较少，而且去购物的人不多，你可以得到细致而周到的服务。街头化妆品大体上是以旗舰店概念运营的，有时会举行化妆讲座、打折出售等活动。如果与店员混得熟，特殊的日子也可以享受免费化妆服务，幸运的话还能拿到试用装或赠品。

我的特殊产品

对化妆品购物狂人而言，收藏别人没有的特殊产品，拥有连产品名称都很生疏的化妆品，是人生一大乐趣。不过，在百货商店很难找到满足这些条件的产品。但是，在10 Corso Como这种多品牌潮流店以及网上购物商城里，可以发现比较不错的适合收藏爱好者们的产品。去海外也同样如此，闲逛街头时，你甚至有时会很诧异曾经在哪里见过这个店。

尤其是在伦敦、纽约、巴黎，药店和多品牌美妆潮流店就好像星巴克一样常见，每个街道几乎都有，所以这里云集了很多追求美丽的人士，他们认为在这里淘宝是旅行的最大快乐。从包包里拿出一件谁也没见过的神秘物品补妆，那一刻你一定可以感受到从四面八方向你投来的充满嫉妒和羡慕的眼神。

在巴黎购物

在欧洲销量第一的化妆品品牌娇韵诗，有一句让我印象十分深刻的广告语：“我们的明星不是什么名人，而是我们的产品。”这句话告诉我们，与其支付昂贵的模特费，不如对产品的品质进行投资。巴黎的女性在购物时都比较挑剔、明智，她们会在基础护肤品上进行重点投资。盲目跟风明星使用不适合自己的产品，在巴黎几乎看不到。也许也正是因为这种关系，化妆品很少用名人来代言，广告也会重点强调产品的功能，于是理肤泉、依泉、碧欧泉等品质优秀的基础护肤品一般会在药店销售。

从巴黎时装周的后台开始使用，逐渐成为全世界模特和化妆师喜欢用的妆前保湿隔离霜，在这里可以以10欧元左右的价格购买到。此外，当拍广告有强烈的照明或反复数次妆容时，如果模特的眼睛里充血，可以试试爱若莎的眼药，它无刺激，可以在短时间内让疲倦的气色消失得无影无踪。含有维生素和阿司匹林成分的丸药，泡在冷水中会变成汽水，酒后的第二天喝上一杯，马上就能醒酒。被小虫子叮到时也可以涂抹这种药膏。另外，它的外包装和小瓶子都非常别致。

1. 在法国药店销售的品质卓越的碧欧泉。
2. 世界模特和化妆师喜欢用的妆前保湿隔离霜。
3. 含有维生素和阿司匹林成分的丸药，泡在冷水中的话就会变成汽水。
4. 被小虫子叮到时涂抹这种药膏，看它的瓶子多么精致。

追求个性而又简约的时尚，也不失为一种潮流。在巴黎，你可以买到像Joelle Ciocco一样在市场上很难找到的品牌，店里摆设的都是款式奇特的产品。让我大开眼界的是，就像给塑料模型上色的喷雾式涂料一样，通过喷洒漂亮的色彩粒子，不需要动弹一个手指头就可以完成妆容，实在是一种超前卫的化妆方法。

除此之外，来到巴黎春天百货公司和乐蓬马歇百货公司，你会发现闻所未闻的巴黎式香水比比皆是，这些充满古典气息的香水瓶和容器也给我留下了深刻的印象。

在伦敦购物

伦敦的有机化妆品和水疗产品十分出色。这里的化妆品，你想买多少就给你包装多少，给人一种购买食品的错觉。当然，产品的安全性你大可放心。在对消费者的测试中，以17英镑出售的No.7全效活肤抗皱强化精华液，大大击败了高价的奢华产品，高居榜首，因此每天早晨都可以看到为了购买此产品而排成长龙的景象。另外，还有让皱纹暂时消失的去皱产品，也绝对不能错过。

让皱纹暂时消失的去皱产品。

可能是因为喜欢稀奇古怪妆容的爱美人士众多的缘故吧，在伦敦，用于卸浓妆的化妆品比比皆是，卸妆水就像洗甲水一样，用化妆棉轻轻擦拭即可，使用十分方便。此外，你还可以欣赏到小小的受到好莱坞女明星青睐的EVE LOM品牌洁面膏。喜欢创意造型的我，在考文园(Covent Garden)附近的sereenface店（www. Sereenface.com）和charlesfox店(www.Charlesfox.com)里购买到了我从未见过的稀有产品。只在一边看着这些长长的眼睫毛，色彩绚丽夺目的荧光人体绘画化妆品，我就已经心满意足了。

在纽约购物

纽约，是全世界当之无愧的美容产品角逐场。每个季度都会盛行自然主义风格，皮肤科医师研制的药妆产品，转眼间就会被抢购一空。在纽约类似Duane Reade的药妆店里，可以欣赏到各种中低价格的美制化妆品。封面女郎（玉兰油彩妆品牌）、露华浓这种典型的大众品牌产品，像美国的食品一样价格合理，出色的品质当然毋庸置疑。露华浓的美白霜多年来一直在我的化妆箱里占据一席之地。

此外，纽约居住着很多不同肤色的人，所以不同颜色的化妆品也就数不胜数。给黑人卷发的定型效果奇佳的发胶，粘在一次性睫毛膏刷上，然后胡乱地刷眉毛，其效果十分惊人。黑人用的咖啡色粉底添加普通的粉底调色后，可以用于给不同肤色的模特打脸部阴影。

药妆店也会把那些乘坐飞机时，预防机内细菌或霉菌引发感冒的营养补剂，湿润口腔的保湿霜等有趣产品记在购物目录上。好莱坞明星们有时也会买走几支仅售2美元的carmax润唇膏，这种润唇膏涂上后，嘴唇即刻就会变柔软；贴有“编辑首选”商标的修美镊子，不管是多么细小的绒毛都可以准确无误地拔掉。按照疼痛症状的严重程度，你可以准确地选择适合自己症状的止痛药品。

只有在纽约当地可以购买到的产品有很多，魅可香水的容器的确十分独特，价格也适中，只是在韩国买不到，真觉得很可惜。契尔氏的麝香香水不知道是什么原因，在韩国国内没有销售，它比淡香水的气味更浓郁，紧贴皮肤的感觉非常棒。还有很多很多在这里没能介绍到的魅力四射的产品，每次我去纽约时，就会疯狂地逛巴尼斯纽约精品店的一层和丝芙兰。

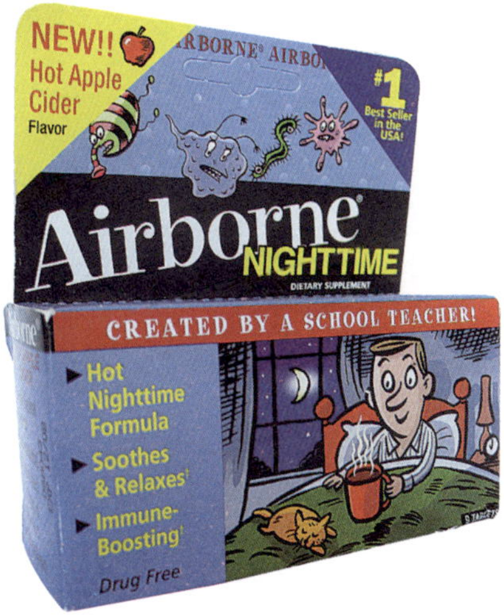

乘坐飞机时，预防机内细菌或霉菌引发感冒的营养补剂。

1. 纽约最棒的用品店，看起来像块蛋糕，但实际上这是香皂。
2. 纽约的有机产品。
3. 4皮肤科专业医师研制的药妆。
5. 物美价廉的美国美容产品。
6. 纽约人如喝水般常喝的维生素水饮料。

结束语

美丽女人的条件

美女的标准是什么呢？一眼看上去像超模或韩国小姐，五官端正协调，身材符合三围标准的女人就是美女。不过，我们在跟别人见面、沟通、熟悉的过程中，可以明白，美丽并不只是停留在一瞬间的，而是在日常生活中自然体现出来的。

美丽的追求不应该是目的，应该是过程。所有女性都有权利变漂亮，也有变漂亮的义务。放弃梳妆打扮的女人，宛如不给一棵原本可以开出漂亮花朵的树木浇水，而让它活活枯死一样，放弃自己变美丽的机会，实在是让人无法理解的行为。

热情是让人变得富有魅力的存在。之所以说新娘是世界上最漂亮的女人，是因为这是她们生命中最重要的一天，她们渴望自己成为万众瞩目的明星。

我希望读到这本书的所有女性，现在马上跑到化妆品专柜，疯狂地购买适合自己的化妆品，即使是一支口红也可以。同时，我也希望你们的爱情、事业和生活都能像新娘一样永远美丽璀璨。

化妆的命运如同昙花一现，

短暂地化在女人的脸上，

短暂华丽的瞬间！我认为人生也应该如此。

——Olivier Echaudemaison先生专访

朴太轮

桂图登字：20-2010-256
图书在版编目(CIP)数据

我爱时尚 / (韩) 金成日, (韩) 朴太润著 ; 千太阳译. -- 桂林 : 漓江出版社, 2011.1

ISBN 978-7-5407-4914-9

Ⅰ. ①我… Ⅱ. ①金… ②朴… ③千… Ⅲ. ①女性-服饰美学-基本知识 ②女性-化妆-基本知识 Ⅳ. ①TS976.4②TS974.1

中国版本图书馆CIP数据核字(2010)第226305号

我爱时尚

作　　者：[韩] 金性逸　朴太轮
策划统筹：符红霞
责任编辑：张　芳
版权联络：董　卉
责任监印：唐慧群

出 版 人：李朝晖
出版发行：漓江出版社
社　　址：广西桂林市南环路22号
邮　　编：541002
发行电话：0773-2583322　　010-85893190
传　　真：0773-2582200　　010-85800274
邮购热线：0773-2583322
电子信箱：ljcbs@163.com
http://www.Lijiang-pub.com
印　　制：北京市凯鑫彩色印刷有限公司
开　　本：720×980　　1/24　　印　张：8　　字　数：90千字
版　　次：2011年1月第1版　　印　次：2011年1月第1次印刷
书　　号：ISBN 978-7-5407-4914-9
定　　价：38.00元
